四国の鉄道
1960年代～90年代の思い出アルバム

野沢敬次 著

高松琴平電気鉄道の長尾駅に停まる2代目30形の27号電車。元・阪神電気鉄道881形で、計16両が譲渡された。車番は40番台の4(死)を嫌って20番台となり、29から下がって付けられた。◎1973(昭和48)年8月18日　撮影：安田就視

..... Contents

1章　予讃線と沿線
予讃線 ……………………………………… 10
内子線 ……………………………………… 32
予土線 ……………………………………… 34
本四備讃線 ………………………………… 42

2章　土讃線と沿線
土讃線 ……………………………………… 50
徳島線 ……………………………………… 72
鳴門線 ……………………………………… 78
高徳線 ……………………………………… 82
牟岐線 ……………………………………… 90
阿佐海岸鉄道阿佐東線 …………………… 98
土佐くろしお鉄道阿佐線（ごめん・なはり線）…… 99
土佐くろしお鉄道中村線 ………………… 100
土佐くろしお鉄道宿毛線 ………………… 104

3章　私鉄

高松琴平電気鉄道琴平線	108
高松琴平電気鉄道長尾線	112
高松琴平電気鉄道志度線	116
伊予鉄道高浜線	122
伊予鉄道横河原線	126
伊予鉄道郡中線	128
伊予鉄道軌道線	130
とさでん交通(旧・土佐電気鉄道)	136
八栗ケーブル(四国ケーブル)	140

4章　廃止路線

小松島線	142
鍛冶屋原線	146
琴平参宮電鉄	147
高松琴平電気鉄道市内線	148
琴平電鉄塩江線	148
琴平急行電鉄	149
住友別子鉱山鉄道	150
松山電気軌道	152
伊予鉄道森松線	153
土佐電気鉄道安芸線	154
屋島ケーブル	155
箸蔵ケーブル	155
魚梁瀬森林鉄道	156
宇高航路	158

キハ40形気動車を先頭に電化前の予讃本線を走る混成の気動車。車内はまだ冷房化もされておらず窓を開けると心地よい海風が入って来た。背後の海上に浮かぶ島は、駅名にもなった津嶋神社で、毎年8月4～5日に開催される夏季大祭中のみ津島ノ宮駅は営業する。
◎津島ノ宮(臨)～詫間　1982(昭和57)年8月27日　撮影:安田就視

懐旧の四国各地 （絵葉書提供・文　生田　誠）

◎高松駅（昭和戦前期）
1897（明治30）年2月に開業した高松駅は、岡山〜宇野との間に宇高航路（宇高連絡船）が開設された直後の1910（明治43）年7月、港寄りに移転し、この二代目駅舎が竣工した。1959（昭和34）年9月、東側に移転した三代目駅舎を経て、2001（平成13）年5月に現駅舎（四代目）が誕生している。

◎松山駅（昭和戦前期）
現在のJR松山駅は、現在の予讃線が延伸してきた1927（昭和2）年4月に開業した。この初代駅舎は太平洋戦争の戦災で焼失し。仮駅舎を経て、1953（昭和28）年9月に二代目の駅舎が竣工。2000（平成12）年11月に駅舎のリニューアルが行われた。

◎松山市駅（昭和戦前期）
国鉄の松山駅に先駆けて、1888（明治21）年10月に伊予鉄道の松山駅として開業したのが現在の松山市駅である。以来、この駅舎は松山市の中心駅として市民に親しまれてきたが、1927（昭和2）年に国鉄駅に名称を譲り、松山市駅と改称している。

◎道後駅
（明治後期～大正期）
愛媛・道後温泉の玄関口である伊予鉄道の道後温泉駅は、1895（明治28）年8月に道後鉄道の道後駅として開業。伊予鉄道となった後、1911（明治44）年に新しい洋風建築の駅舎が誕生した。1986（昭和61）年5月、旧駅舎を忠実に再現する形で現在の駅舎が生まれている。

◎徳島駅
（明治後期～大正期）
1899（明治32）年2月に徳島鉄道の駅として開業した徳島駅は、1907（明治40）年9月に国有化された後もそのまま使用されていた。この駅舎は1945（昭和20）年7月の徳島大空襲で焼失。戦後に再建された二代目、三代目の駅舎を経て、1992（平成4）年9月に現駅舎が誕生した。

◎土佐電鉄堀詰付近
（大正期）
1903（明治36）年7月に設立された土佐電気鉄道（現・とさでん交通）が翌年（1904年）5月、最初に開通させた路線が本町（現・伊野）線の堀詰～乗出（現・グランド通）間である。2年後に堀詰～梅ノ辻間の潮江（現・桟橋）線が開通し、堀詰停留場はその接続点となった。

1953（昭和28）年の高松市中心部

高松空襲で壊滅的な打撃を受けた高松琴平電気鉄道の市内線は、地図から姿を消し、代わって同鉄道の琴平線が中央の琴電高松（現・瓦町）から北上して築港（仮）まで延伸している。この後、1955（昭和30）年9月10日に高松築港まで200メートル延伸して宇高連絡船との接続をより便利にした。

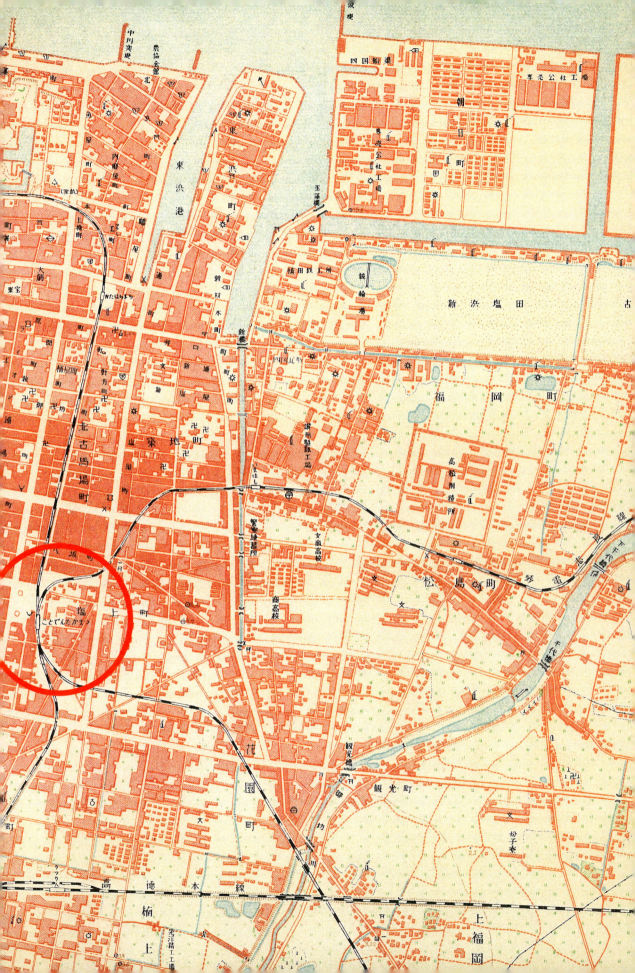

はじめに

　四国は四方を海に囲まれた山の国で、石鎚山や剣山などの急峻な四国山地と讃岐山脈が、讃岐、伊予、土佐、阿波の四つの国に分けて、長らく海上交通や河川の水運が盛んな地域だった。

　明治になって全国各地に鉄道網が伸びる中、炭鉱資源を持たない四国は、険しい地形にも阻まれて大正時代になっても、鉄道の敷設は遅々として進まず、土讃線はおろか予讃線ですら、高松から松山に到達したのは、昭和に入ってからだった。

　大正時代には、1919（大正8）年3月4日に第41帝国議会で、後に慶應義塾塾長ともなる林毅陸が出した「四国循環鉄道建設に関する建議」が可決され、四国の沿岸部を一周する四国循環路線の構想が打ち出されたが、工事が始まったのは一部の路線に止まり、中にはバス路線として実現した区間もあった。

　戦後、各地の路線が順次延伸開業したが、室戸岬を回るルートは未成のまま一部が第三セクター方式で開業したに止まる。一方、瀬戸大橋（本四備讃線）の開通により本州と四国が鉄道で結ばれ、列車の運行系統は大きく変化した。

　本書は、四国の全ての鉄道路線について、その成り立ちを述べるとともに、国鉄時代のカラー写真を中心に懐かしい鉄道全盛時代を振り返ります。

2019年2月　野沢敬次

坂東太郎、筑紫次郎と並び称される四国三郎、吉野川。急行「よしの川」の由来となり、晩年は、特急用のキハ185系気動車が投入されたが、僅か1年間で1999（平成11）年3月13日に特急「剣山」に統合され、「よしの川」の愛称は消えた。
◎徳島線辻〜阿波加茂　1998（平成10）年5月6日　撮影：野沢敬次

1章
予讃線と沿線

・予讃線
・内子線
・予土線
・本四備讃線

DF50形ディーゼル機関車（DL）が牽引する旧型客車。DF50形は電気式DLで、ディーゼルエンジンで発電しモーターを駆動する。車軸配置は2軸4輪の台車を3組持つB-B-Bで、レールとの粘着性に優れ、曲線通過もスムースに行えるため、四国の無煙化に貢献した。
◎津島ノ宮（臨）～詫間　1978（昭和53）年4月5日　撮影：安田就視

四国の2大都市を繋ぐ大幹線
予讃線
よさんせん

路線DATA	
区　間	高松〜宇和島（327.0km）
駅　数	95駅（貨物駅、臨時駅含む）
軌　間	1,067mm
動　力	高松〜伊予市のみ直流電化（1500V）
全通年	1945（昭和20）年6月20日

多度津は、観音寺まで延伸した1913（大正2）年12月20日に現在の場所に移転した。
◎1982（昭和57）年9月27日　撮影：安田就視

（香川県側の歴史）

民間会社が城下町の丸亀からスタート

　四国の旧国名、伊予と讃岐を結ぶ路線として予讃線と名付けられたが、最初は讃岐線、そして一時期、讃予線と呼ばれていたこともあった。

　始まりは、「こんぴらさん」として有名な金刀比羅宮への参拝客を輸送するために地元・多度津で廻船問屋を営んでいた景山甚右衛門が大阪の資産家・川口正衛らに出資を呼び掛けて設立した讃岐鉄道だった。

　讃岐鉄道は、1888（明治21）年2月15日に丸亀〜多度津〜琴平間の鉄道敷設免許を取得し、翌年5月23日に同区間を開通させた。当時、丸亀藩の城下町だった丸亀からは、岡山側の下津井港との間に航路があり、丸亀は、四国の玄関的な位置づけとなっていた。

　その後、同鉄道は、丸亀から東進して1897（明治30）年2月21日に高松まで到達する。乗客サービスにも力を入れ、1900（明治33）年には車内で食べ物の販売を始め、1902（明治35）年6月からは、並等（3等）車5両を改造して喫茶付車両とし、「女ボーイ」と呼ばれる女性の給仕を乗せて洋食や洋酒の提供を開始している。

　この頃には、C型タンク式の蒸気機関車（SL）6両、B型タンク式SLが7両に客車73両、貨車62両を擁する大きな鉄道会社に成長していた。

　一方、本州側では、民間資本の山陽鉄道が神戸から本州最西端の馬関（現・下関）までを目指して線路を建設しており、1901（明治34）年5月27日には約13年の歳月を掛けて全通させた。そして、山陽鉄道は、本州から四国への連絡ルートを岡山〜宇野間に鉄道を敷設し、宇野〜高松間に航路を新設して、所要時間の短縮を図ろうとしていた。

　この計画を知った讃岐鉄道は、山陽鉄道への事業譲渡を提案し、山陽鉄道も四国進出への足掛かりとしてこれに応じる。こうして讃岐鉄道は、1904（明治37）年12月1日付で山陽鉄道に買収された。

　その後、山陽鉄道は、国策によって1906（明治39）年12月1日に国有化されたため、讃岐鉄道だった路線（高松〜丸亀〜多度津〜琴平間）も国有化され、1909（明治42）年10月12日に讃岐線という名称を付けられた。

　山陽鉄道が計画しながら実現しなかった岡山〜宇野間の鉄道は、鉄道院が1910（明治43）年6月12日に開通させて、本州と四国の連絡航路は、岡山〜高松間から宇野〜高松間に変更され宇高連絡船となった。

高松駅に停まるキハ181系気動車特急「しおかぜ」。1972（昭和47）年3月15日のダイヤ改正で登場した四国初の特急列車で、公募により愛称が決まった。元々「しおかぜ」は、東海道新幹線の開業翌年に登場した新大阪と広島を結ぶ特急の愛称だった。
◎1984（昭和59）年5月20日　撮影：荻原二郎

高松駅前に並ぶバスには、TKR(琴電)とTBK(高松バス)があり、TKRが郊外路線、TBKが市内路線と棲み分けていた。
◎高松　1964(昭和39)年2月21日　撮影:荻原二郎

「四国鉄道近代化完成」と謳われた1961(昭和36)年4月15日のダイヤ改正で、四国初の急行となった初日の「四国」。◎高松　撮影:朝日新聞社

キハ58系ほかの気動車急行「道後」。サン・ロク・トウの1961(昭和36)年10月1日白紙ダイヤ改正で高松〜松山間に登場した急行で、宇高連絡船を介して本州側特急に接続し、松山を結んだ。愛称は道後温泉に因み、ヘッドマークには鷺のイラストが描かれている。
◎坂出　1961(昭和31)年10月27日　撮影:荻原二郎

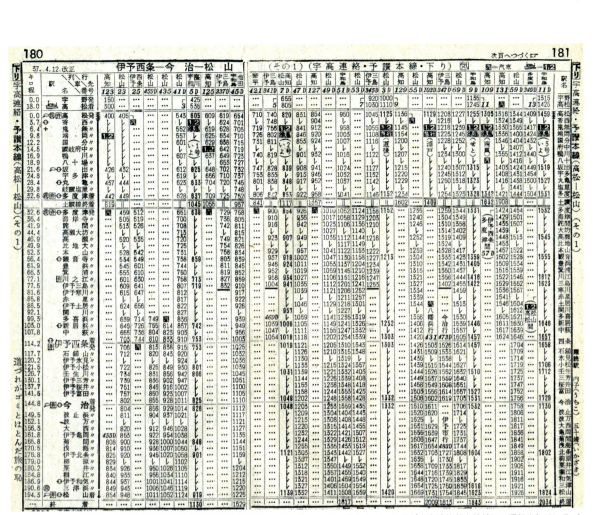

予讃本線と宇高連絡船の1962(昭和37)年4月12日改正の時刻表。急行「道後」や準急「いよ」などが宇高連絡船と接続して運行されている。左端の標語も面白い。

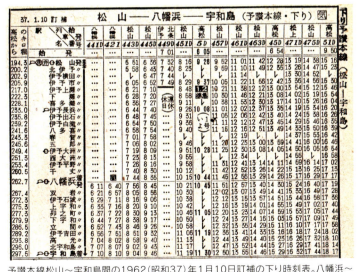

予讃本線松山～宇和島間の1962(昭和37)年1月10日訂補の下り時刻表。八幡浜～宇和島間にはまだSLが走っていた。

多度津駅に見送りに来た親子。多度津は予讃本線と土讃本線の分岐駅として、各方面へ特急や急行が出発していた。現在も車両工場や運転区が併設された四国の一大鉄道拠点の一つであり、構内に残る転車台や給水塔は国の登録有形文化財に指定されている。◎1982(昭和57)年9月27日　撮影:安田就視

高松駅に停まる121系のサンシャトル。121系電車は、国鉄としては四国で初めて走った電車。JR化直前の1987(昭和62)年3月のことで、翌月にはJR四国が誕生した。◎1990(平成2)年7月15日　撮影:安田就視

キハ58系気動車を先頭車に急行「うわじま7号」が走る。急行「うわじま」は、1966(昭和41)年3月5日に準急から格上げされ、高松と宇和島を結んだ。◎伊予三島〜伊予寒川　1976(昭和51)年11月8日　撮影:安田就視

111系普通電車「サンシャトル」は、1987(昭和62)年10月2日のダイヤ改正で登場した。この日から坂出〜多度津間が電化、丸亀〜多度津間の高架も完成して、電車が走り出し、運行本数も増えて便利になったことをアピールするためにヘッドマークが付けられた。
◎海岸寺〜詫間　1990(平成2)年7月26日　撮影:安田就視

1921(大正10)年6月21日に開業した新居浜駅。当時まだ松山へは線路は通じておらず讃岐線を名乗っていた。別子銅山を抱えていた住友財閥の城下町で、現在も多くのグループ企業が工場を構える。◎1982(昭和57)年9月27日　撮影：安田就視

高瀬川を渡るクハ111系普通電車。クハ111系は、四国では、JR化直前の1987(昭和62)年3月23日に高松〜坂出間と多度津〜観音寺間が初めて電化された際に投入された。◎高瀬大坊(現・みの)〜高瀬　1990(平成2)年7月26日　撮影：安田就視

DE10形1000番台のディーゼル機関車が50系客車を牽引して田園地帯を行く。DE10形は、線路規格の低い路線用に軸重を13tに抑えた機関車で、軸配置は先頭の短いボンネット側に2軸、長い方に独立した3軸を持つB-A-A-A配置。
◎伊予小松〜玉之江　1990(平成2)年6月9日　撮影：安田就視

(松山へ)

讃岐線は西へ、2つの県都を結ぶ

 国有化された讃岐線は、松山へ向けて建設工事が進められ、まず多度津〜観音寺間が1913(大正2)年12月20日に開業した。この時、讃岐鉄道時代から折り返しのスイッチバック方式だった多度津駅は移転して、通過可能な線形となった。その後も大正時代に順次部分開通を続けて西進し、1923(大正12)年10月1日の壬生川〜伊予三芳間の開業に合わせて路線名を讃岐線から讃予線に改めた。

 讃予線は、引き続き延伸され1924(大正13)年2月11日に今治へ、1927(昭和2)年4月3日には松山へと到達した。

 この日から高松〜松山間に準急が走り出し、その所要時間は5時間35分だった。

 1930(昭和5)年10月1日に訂補された下り9列車の運行時刻は、高松桟橋を7:52に出発し、多度津8:54着9:00発、今治11:39発、松山12:55発と約5時間で走破して所要時間を30分短縮している。

 そして、1934(昭和9)年12月1日の改正の最速列車では、高松桟橋13:35発、松山17:50着とキロ程のある高松〜松山間194.0kmを4時間15分で走破している。この時には、伊予上灘まで到達しており路線名も予讃本線となっていた。

 讃予線という路線名では、口語では山陽本線と混同されやすいため1930(昭和5)年4月1日に予讃線と改称し、1933(昭和8)年8月1日に予讃本線となった。ちなみにJR化後の1988(昭和63)年6月1日に再び予讃線に戻されている。

堀江駅ホームに立つ呉線への乗り換え案内。堀江からは、呉線の仁方まで仁堀航路が、1946(昭和21)年5月1日に開設され、戦後の復興需要を支えたが、その後は利用が低迷して、長年1日2往復の運行が続き、1982(昭和57)年6月30日で廃止された。
◎1963(昭和38)年3月3日　撮影：荻原二郎

キハ181系気動車特急「しおかぜ1号」。「しおかぜ」は、元々、東海道新幹線の開業翌年に登場した新大阪と広島を結ぶ特急の愛称だったが、1968(昭和43)年10月1日の「ヨン・サン・トオ」ダイヤ大改正で廃止され、1972(昭和47)年3月15日から四国の特急となった。
◎伊予桜井〜伊予三芳　1972(昭和47)年9月19日　撮影：安田就視

松山駅構内を走る8620形蒸気機関車28630号機。8620形は、国産初の本格的な旅客用テンダー式SLで、大正から昭和初期まで量産され、戦後も全国各地で活躍した。また、現在JR九州が58654号機を使って「SL人吉」を季節運行している。
◎1963(昭和38)年3月3日　撮影:荻原二郎

仁堀航路の堀江桟橋から出てくる下船客。ここから堀江駅までは数百メートルの距離だったが、松山までのバスも運行していた。仁堀航路は、鉄道連絡船として時刻表にも掲載されたが、列車との接続は良くなく晩年は小型フェリーの瀬戸丸(2代目)が就航していた。
◎1963(昭和38)年3月2日　撮影:荻原二郎

背後に石鎚山を望みながら中山川の河川敷を渡るキハ35形などの気動車。石鎚山は、四国の最高峰で、与謝野晶子が「四国遍路の記（講談社）」の中で、「石鎚山脈の諸峰の雄偉なるを観ると、経て来た讃岐の諸山は丘陵のやうに感ぜられた。」と驚きを書き留めている。◎伊予小松〜玉之江　1990（平成2）年6月10日　撮影：安田就視

景勝地こもが鼻を行く8000系電車特急「いしづち」。1993(平成5)年3月18日に新居浜～今治間の電化によって、高松・岡山と松山を結ぶ特急に8000系が投入された。制御付自然振り子式の機構を持ち、曲線区間でも車体を傾斜して高速通過できる。◎大浦～浅海　1994(平成6)年1月10日　撮影：安田就視

（愛媛県側の歴史）

伊予大洲から始まり、戦時中に全通

　一方、愛媛県内では伊予鉄道が、讃岐鉄道より7ヶ月程早い1888（明治21）年10月28日に松山（現・松山市）から三津浜港のある三津までを四国初の鉄道として開通させていた。しかし、松山、高松という四国の2大県都を繋ぐ予讃線のルートについては、それから20年以上遅れた1910（明治43）年6月になって、松山〜高松間ではなく松山より西側で、西予電気軌道が伊予鉄道の郡中を起点として、中山〜内子〜大洲〜八幡浜間の軌道線の免許を出願したのが最初となる。

　残念ながら、道路上に敷設するのが原則である軌道線としては距離が長く、電車での運行は不適と判断されて許可は下りなかった。また、郡中〜中山間には犬寄峠が立ちはだかり難工事も予想された。

　そこで、同社は、西予軽便鉄道と社名を変更して翌年6月28日に長浜（現・伊予長浜）〜大洲（現・伊予大洲）間の敷設免許を取得し、同年9月には愛媛鉄道と社名を変更した。同社は、資金不足に悩まされながらも1918（大正7）年2月14日にようやく同区間約16kmを軌間762mmの軽便鉄道として開通させた。

　その後、愛媛鉄道も1933（昭和8）年10月1日になって国有化され愛媛線と改称される。軌間は軽便鉄道のままであったが、1935（昭和10）年10月6日に1,067mmに改軌すると共に山手へ迂回していた伊予白滝〜八多喜〜五郎間の線路を肱川沿いに移設し、八多喜駅も移された。

　運賃も愛媛鉄道時代は、長浜町〜大洲間54銭だったのが鉄道省になると25銭と大幅に安くなった。

　そして、愛媛線（伊予長浜〜伊予大洲間）は、西進して来る予讃本線との接続を待つことになる。

　その予讃本線は、宇和島を目指して工事が続けられ、1939（昭和14）年2月6日に八幡浜まで開通した。

　その先、宇和島までの間には峻嶮な四国山地の西端となる笠置峠（双岩〜伊予石城間）や法華津峠（下宇和〜立間間）が立ちはだかり、日中戦争の長期化もあり延伸工事は一時中断せざるを得なくなる。

　しかし、戦時下に海上輸送の補完を目的として工事は再開され、各地の不要不急線からも資材を調達、笠置峠や法華津峠では、最急の勾配が33.3‰、最急の曲線半径も200mというおよそ幹線とは呼べない低い線路規格ながら突貫工事で建設が進められた。

　そして、終戦直前の1945（昭和20）年6月20日に八幡浜〜卯之町間が開通し、宇和島線として1941（昭和16）年7月2日に開通していた北宇和島〜卯之町間を編入して予讃本線は全通した。

キハ58形やキハ65形などによる気動車急行「うわじま」。高出力で発電機も搭載して冷房電源を供給のできるキハ65形を組み込むことで、急勾配区間を走る列車の冷房化が可能となった。◎伊予大洲〜五郎　1982（昭和57）年9月26日　撮影：安田就視

キハ32形気動車が、伊予灘に面した漁港の横を走る。全長6,012メートルの犬寄トンネルの貫通により予讃線の短絡ルートができると海回りは、鄙びたローカル線となり、全長16m程の小型気動車キハ32形でも十分な輸送量となった。
◎伊予長浜～喜多灘　1990(平成2)年6月7日　撮影：安田就視

瀬戸内海の海岸線を行くキハ181系気動車特急「しおかぜ」。この風光明媚な車窓は、与謝野晶子も「四国遍路の記(講談社)」で、「今治から松山に到る間の海の景色も美しかった。」と述べている。与謝野晶子が松山に向かったのは1931(昭和6)年11月3日のこと。
◎伊予北条～浅海　1972(昭和57)年9月19日　撮影：安田就視

伊予上灘は、松山側から延伸して1932年(昭和7)年12月1日に開業、一時的な終点だった。1935(昭和10)年10月6日に伊予長浜まで到達し、既に開業していた愛媛線と合わせ予讃本線となる。◎1982(昭和57)年9月24日　撮影:安田就視

五郎は、1918(大正7)年2月14日に愛媛鉄道の駅として開業し、1935(昭和10)年10月6日からは内子線の分岐駅となった。しかし、1986(昭和61)年3月3日に短絡ルートが開通し、五郎〜内子間の既存線は廃止され、伊予若宮(信)で分岐する新ルートとなった。
◎1982(昭和57)年9月26日　撮影:安田就視

キハ47形気動車が笠置峠に挑む。この区間を含む八幡浜〜卯之町間は、太平洋戦争末期に各地の鉄道を休止させて資材を剥ぎ取り突貫工事で建設された。鉄材が不足したため写真のようなコンクリートアーチによる橋梁も多く作られている。
◎双岩〜伊予石城　1990(平成2)年6月7日　撮影:安田就視

宇和島駅に停まるキハ55系気動車の準急「うわじま」。キハ55系は、準急向けとして開発された気動車で、1956(昭和31)年から1960(昭和35)年にかけて量産されて全国に準急が登場した。左奥には、予土線に向かうローカル線用の小型気動車キハ01形も停まる。
◎宇和島　1963(昭和38)年3月3日　撮影：荻原二郎

キハ02形気動車1号機が宇和島駅の予土線ホームで出発を待つ。キハ02形は、キハ01形と同じ全長10メートルの小型気動車。運転台の位置がそれぞれ異なるため前面窓の形状が異なり、キハ01形は運転台が中央で3枚窓、キハ02形は、左側にあるので2枚窓となった。
◎宇和島1963(昭和38)年3月3日　撮影：荻原二郎

蛇行した肱川による肥沃な土壌を持つ大洲は、松山からの大洲街道や遍路道も通る城下町。駅は、1918(大正7)年2月14日に愛媛鉄道の大洲として始まり、同社の本社も置かれた。国有化により伊予大洲と改称後、1935(昭和10)年10月6日に現在地に移転した。◎1982(昭和57)年9月24日　撮影：安田就視

湾内に浮かぶ九島(くしま)に守られた宇和島は、天然の良港として古くから栄え、駅は1914(大正3)年10月18日に宇和島鉄道(現・予土線の一部)が開業し本社も置かれた。現在、駅前には同社が使っていたドイツ・コッペル社製の蒸気機関車のレプリカが置かれている。◎宇和島駅　1973(昭和48)年8月15日　撮影：安田就視

2000系気動車特急「宇和海」が肱川を渡る。「宇和海」は、高松～宇和島間を結んだ長距離急行「うわじま」の流れを汲む愛称で、1990(平成2)年11月21日に特急「宇和海」へ格上げされた。
◎伊予大洲～西大洲　1994(平成6)年1月11日　撮影：安田就視

法華津湾を眺めながら走るキハ54形(右)とキハ32形(左)気動車。戦時中の突貫工事でこの区間には、全長1,610メートルの法華津トンネルなどが掘削され、最急勾配は33パーミルと山岳路線並の線路が敷設された。
◎下宇和〜立間　1990(平成2)年6月7日　撮影：安田就視

歴史ある街道を通る
内子線

うちこせん

路線DATA

区　間	新谷～内子(5.3km)
駅　数	4駅
軌　間	1,067mm
動　力	全線非電化
全通年	1920(大正9)年5月1日

内子線は、大正時代に愛媛鉄道が開業した路線だが、予讃線のバイパスルート建設に伴い、旧愛媛鉄道の路線は1986(昭和61)年3月3日の新線開通により廃線となった。
◎喜多山～新谷　1990(平成2)年6月7日　撮影：安田就視

短絡ルートとしてほぼ全線が新線へ

　内子線は、内子～新谷間の名称だが、予讃線の短絡ルート（向井原～伊予大洲間）の一部に組み込まれているため接続する向井原～内子間と新谷～伊予大洲間の歴史についても合わせて紹介する。

　この短絡ルートは、建設時には内山線と呼ばれており、開通したのは戦後の話だが、地元では戦前からこのルートの鉄道敷設について様々な誘致活動が行われていた。伊予中山の駅前にはその先人の苦労を偲び功績を称える顕彰碑が残されている。

　さて、開業区間の順に見ていくと後に予讃線となる愛媛鉄道の路線の一部が内子線の始まり。1920(大正9)年5月1日に愛媛鉄道の支線として若宮連絡所（現・伊予若宮信号場）～内子間が開業した。

　内子は、大洲街道の宿場町で、四国遍路の中継地でもある。江戸後期から大正にかけては、和蝋燭の原料となる「木蝋」の生産で栄え、和蝋燭は、海外にも輸出されていた。愛媛鉄道が1933(昭和8)年10月1日に国有化される際には、若宮連絡所～内子間は予讃線の計画ルートから外れるため買収の対象外であったが、単独での維持が困難なため合わせて買収され、国有化後は、愛媛線の一部となった。

　1935(昭和10)年10月6日に軌間を762mmから1,067mmへ改軌した際、五郎～新谷間に新線を敷設して、五郎～新谷～内子間を内子線として分離した。これにより若宮連絡所～新谷間は一旦廃線となった。

　その後、内子の町は電灯の普及と共に和蝋燭の製造も衰退し、内子線も鄙びたローカル線となっていく。そんな内子線に転機が訪れたのは戦後になってから。予讃本線の短絡ルートとして向井原から大洲街道沿いに新線を建設し、内子線を経由して大洲に向かうことが計画された。

　このルートは、愛媛鉄道が1916(大正5)年5月に当初計画の大洲街道沿いルート（山回り）を大幅に変更して、全く別のルートとして、「郡中以南については海岸回り」と決めて以来、地元では幾度か誘致運動が行われていた。特に1927(昭和2)年に予讃線の松山～郡中間の工事が始まると郡中から大洲に向けてのルートを巡って、海岸回りと山回りルートが激しく対立した。

　山回りルートには、犬寄峠が立ちはだかっていたが、地元豪農の森井苦三郎が中心となって誘致活動を行った。同氏は1929(昭和4)年3月に中山町議会議員に就任すると私財を投じて犬寄峠の再測量を依頼し、トンネルは1マイル(約1,610m)以内で貫通できることが判明した。

　この測量結果を基に森井苦三郎は、上京して強力な陳情をしたが残念ながら採用されることはなく、ルートは海岸回りで建設された。

　戦後、老境になっても森井苦三郎の情熱は衰えず、運輸省（現・国土交通省）への陳情を主導すると共にトンネル掘削技術も急速に進歩したことから、大洲への短絡ルートとして山回りルートは、再び脚光を浴びるようになる。

　こうして森井苦三郎の没後、1966(昭和41)年11月27日に山回りルートは、内山線として起工式を迎えた。ネックだった犬寄峠には、全長6,012mの犬寄トンネルが1971(昭和46)年10月27日に貫通する。

　その後、新線建設は巨額の赤字を抱えた国鉄の再建問題にも翻弄されるが、内子～五十崎間にも五十崎トンネルが掘削されて新線となり、両駅も移転されて、1986(昭和61)年3月3日ようやく山回りルートは、開業に漕ぎ着けた。この内、向井原～内子間と新谷～伊予大洲間は予讃本線となり、中間の内子～新谷間が内子線として残った。

　森井苦三郎が1958(昭和33)年5月27日に亡くなってから28年が経とうとしていた。

36.10.1改正									伊予大洲━━内子（内子線）									
623D	625D	627D	629D	631D	633D	635D	637D	639D	キロ程	駅名	622D	624D	626D	628D	630D	632D	634D	636D	638D
…	817	952	1126	…	1605	1739	…	…	0.0	発伊予大洲着↑	━	800	939	1117	━	1438	1712	━	━
616	825	1000	1135	1316	1613	1747	1915	2205	3.8	〃五　郎発	610	754	933	1111	1253	1432	1706	1908	2138
622	831	1006	1141	1322	1619	1753	1921	2211	7.5	〃新　谷〃	603	745	924	1102	1247	1423	1657	1902	2132
625	834	1009	1144	1325	1622	1756	1924	2214	8.5	〃喜多山〃	600	742	921	1059	1244	1420	1654	1859	2129
635	844	1019	1154	1335	1632	1806	1934	2224	12.6	〃五十崎〃	551	732	912	1050	1235	1411	1645	1850	2120
638	848	1023	1157	1338	1636	1810	1937	2227	14.1	着内　子発↓	547	728	908	1046	1231	1407	1641	1846	2116

短絡線が開通する前の内子線の1961（昭和36）年10月1日改正の時刻表。

キハ20形気動車が2両編成で肘川の支流の鉄橋を渡る。予讃線の短絡ルートの開通により、この鉄橋の左手の先から新谷側に伸びた内子線の愛媛鉄道が開通させた区間は、1986（昭和61）年3月3日に廃止され、伊予大洲側の伊予若宮（信）から分岐した新線が敷かれた。
◎新谷〜五郎　1982（昭和57）年9月26日　撮影：安田就視

キハ65形気動車を先頭に走る急行「うわじま」。キハ65形は、キハ58系をベースに1969年に新製され、ターボ付き水平対向12気筒30ℓの大出力エンジンを搭載し、冷房電源を装備して車内の冷房化を進めた。◎新谷〜伊予大洲　1990（平成2）年6月7日　撮影：安田就視

高知までの遠いみちのり
予土線
よどせん

路線DATA	
区　　間	若井～北宇和島(76.3km)
駅　　数	20駅(若井駅を含む)
軌　　間	1,067mm
動　　力	全線非電化
全通年	1974(昭和49)年3月1日

土佐大正駅は、1974(昭和49)年3月1日の予土線全通時に開業し、駅前には当時の高知県知事溝渕増巳が揮毫した「予土線全通記念」の碑がある。なお、この駅舎は現在、三角屋根が連なる木造駅舎に改装されている。◎1982(昭和57)年9月23日　撮影:安田就視

(宇和島鉄道時代)

小さな民間会社が始めた路線も国有化

　大規模なダムがないことから「日本最後の清流」と呼ばれる四万十川に沿った路線で、旧国名の伊予と土佐を結ぶことから予土線と呼ばれるが、四万十川本流に線路が伸びて全通したのは、東海道新幹線の開業から遅れること10年、1974(昭和49)年3月1日のことだった。

　元々は、愛媛県南予地方の中心都市、宇和島での民間鉄道から始まり、その歴史は明治時代に遡る。

　日清戦争で日本が勝利すると全国各地に鉄道敷設の機運が高まり鉄道勃興時代とも言われるようになる。

　宇和島は、四方を山や島に囲まれた天然の良港だが、北東側に広がる肥沃な三間盆地からは流れ込む河川がなく、当時主流だった舟による大量輸送ができないため鉄道敷設が計画された。衆議院議員で地元の有力者・今西幹一郎が、元宇和島藩士で大阪財界人の土居通夫を社長に迎えて最初の宇和島鉄道を設立し、1897(明治30)年4月21日に宇和島～吉野間の敷設免許を取得した。しかし、残念ながら建設資金は集まらず日露戦争の勃発もあり1905(明治38)年4月15日に会社は、敢え無く解散している。

　今西幹一郎は、諦めずに宇和島鉄道の再興を図り、1910(明治43)年12月に再度敷設免許を申請し、翌年3月27日に八幡(現・宇和島)～旭(現・吉野生)間の免許を取得した。この時も建設資金の確保に苦労したが、後に衆議院議員となる成田栄信が、東京の財界人で後年「室蘭の製鉄業の祖」と呼ばれた井上角五郎から出資を仰ぎ、井上角五郎を筆頭取締役に迎えて、自らも今西幹一郎らと共に取締役となり、1912(大正元)年8月1日に宇和島～近永間の着工にこぎつけた。

　資金繰りは相変わらず厳しかったが、政府から鉄道院の建設する路線と接続する軽便鉄道に対する補助金も受けて1914(大正3)年10月18日、宇和島～近永間が開通。ドイツから輸入した蒸気機関車(SL)3両が軌間762mmの線路を走った。開業後も経営は思わしくなく政府の補助金が頼りだったが、1923(大正12)年12月12日に当初の目的地である吉野(現・吉野生)へ到達することができた。

　翌年10月1日に改正された時刻表では、宇和島～吉野間25.6kmを1日8往復、下り列車は片道1時間40分、上りは同1時間35分かけて運行していた。上り列車の所要時間が少し短いのは、三間盆地から宇和島に向けての光満谷が片勾配だったため。

　運賃は同区間80銭で、1933(昭和8)年8月1日に国有化されると同区間が41銭に引き下げられた。所要時間も下り列車が片道1時間17分、上りが同1時間16分に短縮され1日11往復に増便されている。この時、吉野駅は移転して吉野生駅となった。しかし、松山へ向かう予讃本線との接続はまだなされておらず、宇和島線と名乗っていた。

宇和島線時代の江川崎駅。1953（昭和28）年3月26日になって、ようやく愛媛県内の吉野生から高知県内まで延伸して、ここが終着駅となった。ホームにはキハ20形気動車が停まり、乗客が雨の中、構内踏切を渡って改札口へ向かう。◎1973（昭和48）年8月16日　撮影：安田就視

キロ程	駅名	721D	723	725D	727D	729D	733D	735D	737D	739D	741D	743	745D	747
0.0	宇和島発	625	656	811	841	949	1136	1243	1317	1428	1504	1608	1648	1736
1.5	北宇和島	629	708	815	851	953	1140	1250	1321	1434	1510	1613	1653	1741
7.8	務田	643	729	828	905	1007	1153	1304	1334	1448	1525	1634	1710	1801
8.7	伊予宮野下	649	733	831	910	1010	1156	1306	1343	1454	1530	1638	1716	1805
10.9	二名	653	738	835	914	1014	1200	1310	1347	1458	1534	1642	1720	1810
12.4	大内	656	742	838	917	1017	1204	1314	1351	1501	1537	1646	1725	1814
15.3	深田	701	749	843	923	1022	1208	1318	1355	1507	1543	1653	1729	1821
17.4	近永	709	754	848	927	1026	1212	1323	1358	1511	1547	1659	1732	1829
19.0	出目			853	930	1030	1216	1328		1515	1550	1702		1832
22.5	松丸	718		859	936	1036	1222	1334		1521	1556	1709		1839
24.8	吉野生	723		903		1040	1226	1338		1525		1715		
26.5	真土	726		907		1043	1230	1342		1529		レ		1859
32.4	方西ヶ方	735		915		1052	1239	1350		1538		1729		
35.1	江川崎着	740		920		1057	1243	1355		1542		1735		1905

（宇和島線・下り）（その1）宇和島―江川崎　36・10・1改正

宇和島線時代の1961（昭和36）年10月1日改正の時刻表。「汽」はSL列車。

駅舎も無く山の斜面に単線のまま片側ホームで造られた半家駅。留萌本線にあった増毛駅と共に珍名駅として知られるが、平家の落人が源氏の追討から逃れるために「平」の文字の上の横線を下にズラして「半」にしたと言われている。
◎1980（昭和55）年8月25日　撮影：安田就視

昭和30年代の江川崎駅。江川崎は、四万十川と広見川の合流点に生まれた集落で、駅は宇和島線の終点として、ここから四万十川上流の大正や下流の中村へ向かうバスが出ていた。◎1963(昭和38)年3月3日　撮影:荻原二郎

松丸～出目間で、広見川沿いに走るキハ54形気動車。広見川は四万十川の支流で、愛媛県内を蛇行しながら高知側の四万十川へ合流する。この清流では、アユだけでなくウナギや「モクズガニ」という「上海蟹」に近い川カニも獲れる。◎2003(平成15)年11月17日　撮影:安田就視

第4四万十川橋梁を渡るキハ32形気動車。予土線は、蛇行する四万十川沿いにいくつものトンネルを穿ち、橋梁を架けて建設された。土佐大正〜土佐昭和間には、全長1,060メートルの茅吹手トンネルを含め5つのトンネルと5つの橋梁がある。
◎土佐大正〜土佐昭和　1990(平成2)年6月6日　撮影：安田就視

(全通へ)

四万十川は時流に打ち勝ち今も流れる

　太平洋戦争が始まる直前の1941(昭和16)年7月2日、待望の予讃本線との接続を果たすと共に宇和島〜務田間は新線に切り換えられ、全線が1,067mmに改軌された。新線の中で宇和島〜北宇和島間は予讃本線に編入され、宇和島線は、北宇和島〜吉野生間となる。

　その後、江川崎に向けて延伸工事が始まるが、戦争激化で工事は中断して終戦を迎えた。

　1953(昭和28)年3月26日、中断していた延伸工事が前年から再開され吉野生〜江川崎間が開通する。

　宇和島線はようやく高知県内に入ったが、その先、1951(昭和26)年11月12日に全通したばかりの土讃線窪川までの延伸工事も紆余曲折を重ねた。

　1957(昭和32)年6月には四国西部縦貫線として江川崎〜窪川間の建設工事が認可され、1959(昭和34)年7月から着工される。しかし、全国的な電力不足を克服するため、1952(昭和27)年7月に成立した「電源開発促進法」に基づき同年9月に設立された電源開発が、四万十川流域に瀬里ダムと田野々ダムの建設計画を発表した。これにより大正町367戸が水没し、工事中の江川崎〜若井間も影響することから1961(昭和36)年に鉄道敷設は中断される。

　その後、地元住民のダム建設反対運動が激化したため電源開発は、1963(昭和38)年8月に計画を撤回し、鉄道建設工事も再開された。この年、12月18日に窪川〜若井間は、中村線の一部として開通したため接続先は若井に変更され、実際の線路の分岐点は川奥信号場となった。

　しかし、今度は、東海道新幹線の開業した1964(昭和39)年度から赤字に転落した日本国有鉄道(国鉄)にローカル新線の建設をする体力が無くなり、新たに設けられた日本鉄道建設公団(鉄建公団)が工事を引き継ぐことになる。ところが、1968(昭和43)年9月に国鉄の諮問委員会が出した「『ローカル線の輸送をいかにするか』についての意見書」の中で、「使命を終えた国鉄の地方線」として全国の「赤字83線」を掲げられ、宇和島線もその中で廃止勧告を受けてしまい、工事は再び暗礁に乗り上げてしまう。

　その後「日本列島改造論」を打ち出した田中角栄が1972(昭和47)年7月に内閣総理大臣となると赤字路線の廃止論は影を潜め、鉄建公団による新線建設が全国各地で推し進められていく。

　宇和島鉄道の開業から60年が経とうとする1974(昭和49)年3月1日、江川崎〜若井間が開業して北宇和島〜若井間が全通。路線名も予土線に改められた。なお、川奥信号場〜若井間は中村線との二重戸籍区間となった。

四万十川沿いに走る2両編成のキハ20形気動車。本来の塗装色は左側の気動車の朱色4号とクリーム4号のツートンカラーだが、国鉄末期には経費削減の一環として、右側の気動車のように朱色5号の1色に変更された。
◎打井川〜家地川・1980(昭和55)年8月25日 撮影:安田就視

四万十川には沈下橋と言われる増水時には水没して橋が流されるのを防ぐ橋が数多くあるが、この駅間にある茅吹手沈下橋(新谷橋)は、1997(平成9)年のJR「フルムーンポスター」の撮影で俳優の加山雄三夫妻がロケに訪れたことで有名になった。
◎土佐大正〜土佐昭和 1980(昭和55)年8月25日 撮影:安田就視

明治の絵空事が昭和に動く
本四備讃線

ほんしびさんせん

路線DATA

区　　間	茶屋町～宇多津(31.0km)
駅　　数	6駅
軌　　間	1,067mm
動　　力	全線直流電化(1500V)
全通年	1988(昭和63)年4月10日

(構想から建設前夜)

悲惨な船舶事故が夢の実現に拍車をかける

　瀬戸内海は波が穏やかな内海で、古くから船による往来が盛んだったが、明治になり鉄道網が全国各地に伸びるようになると本州と四国を結ぶ鉄道の構想も浮上する。

　1889(明治22)年5月23日に行われた讃岐鉄道の開通祝賀会の祝辞の中で、香川県議会議員で讃岐鉄道の敷設に尽力した大久保諶之丞が「塩飽諸島を橋台となし、山陽鉄道に架橋連結せしめなば、常に風波の憂ひなく、午後に浦戸の釣を垂れ、夕に敦賀の納涼を得ん。」と本州と四国を結ぶ鉄道連絡橋の建設を提唱し、列席者を驚かせたのがその最初とされる。

　しかし、当時の技術では大規模な架橋ができるはずもなく1910(明治43)年6月12日に岡山から鉄道が宇野まで通ると宇野～高松間に宇高連絡船が就航し、戦後も長らく本四連絡の重責を担っていた。

　そんな中、1955(昭和30)年5月11日に悲惨な事故が発生する。濃霧の中、高松港を午前6時40分に出た宇高連絡船「紫雲丸」と宇野港から来た貨車連絡船「第三宇高丸」とが、午前7時前に高松港沖で衝突し、紫雲丸は沈没する。紫雲丸には松江から来ていた小中学校の修学旅行生らが乗船しており乗員乗客合わせて168人が死亡して、当時の国鉄総裁・長崎惣之助が引責辞任する非常事態となった。

　この事故を受けて香川県議会は「宇高連絡鉄道建設促進に関する意見書」を国に提出し、明治の気宇壮大な構想が動き出す。実地調査や候補ルートの調整を経て、1961(昭和36)年6月1日に衆議院で、「岡山県宇野附近ヨリ香川県高松ニ至ル鉄道」として鉄道敷設法別表への追加が可決され、参議院も通過した。

　その後、建設省(現・国土交通省)が道路橋として検討を行っていた5ルート(A：神戸～鳴門、B：宇野～高松、C：日比～高松、D：児島～坂出、E：尾道～今治)の調査と合わせて、技術的な検討が土木学会に委託され、1967(昭和42)年6月に「本州四国連絡橋技術調査報告書」が答申された。この中で、B、Cルートは、長大吊橋の支柱を建てる基盤層が調査の結果、海面下120mの深さになる見込みで、Dルートの同40m前後よりも明らかに技術的に困難となることから調査対象ルートから除外された。

瀬戸大橋の櫃石島橋を渡るキハ185系気動車特急の6両編成。櫃石島橋は、全長792メートルの斜張橋で、5つある橋の中では隣の岩黒島橋とともに一番短い。最長はもっとも四国側にある南備讃瀬戸大橋の1,723メートルである。◎児島～宇多津　1990(平成2)年5月26日　撮影：安田就視

瀬戸大橋の開通と同時に走り出した快速「マリンライナー」には、高松側の先頭車にクロ212形展望グリーン車を付けた213系電車が投入された。◎備中箕島〜早島　2001(平成13)年1月6日　撮影:野沢敬次

瀬戸大橋を渡り四国に入った寝台特急「瀬戸」。24系25形の編成には、オロネ25形300番台を使ったA寝台「シングルデラックス」やスハ25形300番台のシャワー室を備えた「ラウンジカー」も組み込まれ、「走るホテル」復活を印象付けた。
◎児島〜坂出　1993(平成5)年5月7日　撮影:野沢敬次

（着工から完成へ）

幾多の困難に打ち勝ち世紀の大事業が完成

　事前調査が終わると1970（昭和45）年7月1日には、建設主体となる本州四国連絡橋公団（本四公団）が設立され、1973（昭和48）年10月26日には、A、D、Eの3ルートでの工事実施計画が認可された。

　しかし、本格的な工事が始まる直前、同年10月6日に勃発した第4次中東戦争を契機に原油価格が高騰する。

　オイルショック（第一次）と呼ばれ、原油価格は3ヶ月で4倍近くなり、石油に頼っていた日本経済は大打撃を受ける。政府は急遽、同年11月に石油緊急対策要綱を閣議決定し、その中で総需要抑制策として大型公共工事の凍結を打ち出し、本四架橋3ルートの工事も凍結された。同年11月25日に予定されていた3ルート同時着工の起工式を迎える直前、11月20日のできごとだった。

　その後、本四公団は地元漁協との補償交渉や測量調査を続け、地元自治体も早期着工を政府に陳情し、1977（昭和52）年4月26日には、優先して着工する本州四国連絡橋は、鉄道と道路を併設した児島～坂出ルートに内定し、同年11月4日に閣議決定された第3次全国総合開発計画の中で正式に決定された。

　住民参加型の環境影響評価などを経て、1978（昭和53）年10月10日に岡山側の倉敷市鷲羽山と香川側の坂出市番の州にてそれぞれ起工式が執り行われた。児島～坂出間9.4kmの備讃瀬戸にある5島を6ヵ所の橋梁で繋いで、上部に自動車道、下部に鉄道を通す二層構造の鉄道道路併用橋の架橋工事がようやく始まる。

　そして、1987（昭和62）年8月12日、最後に残った南備讃瀬戸大橋の橋桁の閉合工事が完了し、全ての橋梁が繋がって初めて本州と四国が結ばれた。

　重い列車が吊橋を走行するため鉄道総合技術研究所が開発した伸縮能力が最大1,500mmになる「1500形緩衝桁軌道伸縮装置」がそれぞれの吊橋に取り付けられ、1988（昭和63）年1月～2月の荷重試験では、電気機関車10両連結という前代未聞の編成が瀬戸大橋を駆け抜けた。

　同年3月20日、岡山側の茶屋町～児島間が暫定開業すると、児島駅前では開業を祝う瀬戸大橋架橋記念博覧会が始まる。そんな祝賀ムードの中、同年4月10日、児島～宇多津間と児島～坂出間の短絡線が開業する。

　岡山、児島、宇多津、高松の各駅でそれぞれ出発式が執り行われ、「しおかぜ」などの特急列車が瀬戸大橋を渡り、岡山への乗り入れを開始した。こうして、明治時代に大久保諶之丞（じんのじょう）が構想をぶち上げてから100年が経とうとしている時に、日本の架橋技術の粋を集め、地元悲願の瀬戸大橋（本四備讃線）が開通した。

岡山側上空から見た瀬戸大橋。手前が下津井瀬戸大橋で本州と櫃石島を結び、その先のH形支柱を持つ4連の斜張橋は、櫃石島橋と岩黒島橋。約10年の工期で、総事業費は、1兆1300億円の巨大プロジェクトだった。◎1988(昭和63)年2月1日　提供：朝日新聞社

一番本州に近い下津井瀬戸大橋を渡る寝台特急「瀬戸」。牽引するのは、EF65形1000番台の電気機関車で、1000番台は、0番台を高速化した500番台の貨物用(F形)と旅客用(P形)の性能を併せ持つことからPF形と呼ばれ、直流電化区間の寝台列車の牽引に活躍した。
◎児島〜坂出　1994(平成6)年5月4日　撮影:野沢敬次

四国のJR線を走った蒸気機関車

　周囲を海に囲まれ峻嶮な山脈が国を分ける四国では、国鉄時代の末期まで電化された区間も無かった。急勾配、急カーブとトンネルの多い路線ばかりで、蒸気機関車（以下、SL）の運行には大変な苦労が伴っていた。

　このため、戦後、ディーゼル機関を動力とする機関車や気動車が開発され本格的に導入されると、大都市近郊ながら近代化の遅れた千葉地区とともに、四国は、動力近代化すなわちSL全廃の推進地区に指定され、1970（昭和45）年3月でSL列車は廃止された。

　ところが、JR四国になってから、様々な記念イベントに合わせて、JR西日本所属のC56形160号機を使ったSL列車が次々と四国各県を回ることになる。

　最初は、香川県内の土讃線多度津～琴平間を走った「SLどっきん号」。1989（平成元）年5月下旬のことだった。同じ年の11月には、愛媛県から高知県にまたがり、宇和島から予土線の土佐大正間で「SLしまんと号」が50系客車4両を牽引して走り、同区間では、1997（平成9）年12月上旬にも「SL牛鬼号」が運行された。

　その後も、瀬戸大橋開通10周年を記念して、1998（平成10）年4月10～12日に本四備讃線の茶屋町と予讃線の多度津間を「海走SL瀬戸大橋号」が走り、2000（平成12）年11月下旬には、愛媛県内の予讃線松山～宇和島間において、下り列車が「SL坂の上の雲号」、同じ区間の上り列車が「SL花神号」として運転された。

　2001（平成13）年11月下旬の高知県では、土讃線高知～土佐山田間にSL「土佐龍馬号」が走り、戦前の特急「富士」に使われた展望車マイテ49形2号と客車アイランドエクスプレス四国Ⅱのコラボが実現。沿線には「撮り鉄」が殺到する事態となった。2002（平成14）年5月17日～19日に徳島線徳島～阿波川島間を走った「SL阿波四国三郎号」でも、沿線には多くの鉄道ファンや観光客が集結する。私有地への無断侵入や悪質な路上駐車等沿線住民とのトラブルも多発していき、SL運行イベントの課題が浮き彫りになって来る。

　その後、2005（平成17）年10月下旬に走った予讃線高松～多度津間のSL急行「讃岐路義経号」と、翌年11月下旬にNHK大河ドラマ「功名が辻」の放送に合わせて運行された土讃線高知～須崎間のSL急行「土佐二十四万石博　一豊&千代号」を最後に四国でのSL列車の運行イベントは終了した。

「海走SL瀬戸大橋号」では、14系客車5両を牽引した。◎讃岐塩屋～多度津　1998（平成10）年4月10日　撮影：堀井敬之

「SL阿波四国三郎号」は、12系客車と展望車のマイテ49形を牽引。徳島線としては32年ぶりのSL復活運転で、徳島線全通88周年を記念して行われた。◎鮎喰～府中　2002（平成14）年5月18日　撮影：野沢敬次

2章
土讃線と沿線

・土讃線　・徳島線　・鳴門線　・高徳線　・牟岐線
・阿佐海岸鉄道阿佐東線　・土佐くろしお鉄道阿佐線（ごめん・なはり線）
・土佐くろしお鉄道中村線　・土佐くろしお鉄道宿毛線

50系客車を牽いてDE10形ディーゼル機関車が吉野川沿いを走る。50系客車は、老朽化した旧型客車の置き換え用として1978（昭和53）年3月から1982（昭和57）年にかけて全国に配備されたが、折り返し駅で機回しの必要がない気動車への転換が進み短命となった。
◎土讃線富永〜大田口　1990（平成2）年6月3日　撮影：安田就視

険しい四国の山脈を貫く

土讃線

どさんせん

路線DATA

区　　間	多度津～窪川（198.7km）
駅　　数	61駅
軌　　間	1,067mm
動　　力	多度津～琴平間のみ直流電化（1500V）
全通年	1951（昭和26）年11月12日

小雨に煙る箸蔵。1929（昭和4）年4月28日に箸蔵寺への最寄り駅として開業し、翌年の1930（昭和5）年6月18日には、箸蔵登山鉄道が麓の赤鳥居から仁王門までのケーブルカーを開業させ、参拝客で賑わった。
◎1982（昭和57）年9月23日　撮影：安田就視

（全通までの歴史）

須崎と琴平から奥深い山中へ路線を建設

　土佐と讃岐を結ぶ路線として名付けられたが、予讃線と同様に土佐側、讃岐側双方から建設が進められ、土佐側は高知線、讃岐側は讃岐線を名乗った。讃岐線は讃岐鉄道の流れを組む路線で、その始まりは予讃線の項で触れたので割愛させていただく。

　高知に向けての鉄道計画は、1892（明治25）年6月21日に交付された鉄道敷設法で「香川県下琴平ヨリ高知県下高知ヲ経テ須崎ニ至ル鉄道」として予定線にはなったが、難工事が予想されるため早期着工となる第一期線ではなかった。このため高知では土佐鉄道協会が組織され、第一期線への昇格を目指して活発な請願を行ない、1895（明治28）年12月には有志が土佐鉄道として土佐山田～高知～須崎間の鉄道敷設も申請した。

　残念ながらこれらの請願や計画は実を結ぶことなく20年の歳月が流れる。その後も土佐鉄道協会は、四国鉄道期成同盟会と改称して官民一体となった誘致活動を行い、1916（大正5）年3月ようやく改正鉄道敷設法で土佐山田～須崎間が第一期線に昇格した。

　1918（大正7）年4月には、建設資材の陸揚げ港となった須崎側から着工され、1919（大正8）年3月には、残る土佐山田～琴平間も第一期線に加えられ、琴平側からも工事が始まる。しかし、琴平～須崎間の駅で最初に開業したの

坪尻は、香川県との県境である猪ノ鼻峠を全長3,845メートルの猪ノ鼻トンネルで抜けた徳島県側にあり、周囲には人家が全く無い谷底の秘境駅。1929（昭和4）年4月23日に坪尻信号場として開設され、戦後、地元の請願により1950（昭和25）年1月10日に駅に昇格した。
◎1982（昭和57）年9月23日　撮影：安田就視

琴平駅は、1889(明治22)年5月23日に讃岐鉄道が開設し、国有化後、路線延伸のため1922(大正11)年11月1日に現在地に移転して、1936(昭和11)年にこの駅舎が竣工した。◎1984(昭和59)年5月18日　撮影:荻原二郎

は意外にも阿波池田である。これは徳島本線が川田から延伸して来たもので、1914(大正3)年3月25日のこと。この区間は後に佃信号場(現・佃駅)が設けられて佃〜阿波池田間が土讃線の一部となる。

1923(大正12)年5月21日に琴平〜讃岐財田間が開業したのに続いて、翌年3月30日には高知線の須崎〜日下間が開業し、11月15日には高知に達する。1925(大正14)年12月5日には、高知〜土佐山田間も開業。

ここまでは順調に工事が進んだが、琴平側からは行く手に讃岐山脈が立ちはだかり、高知側からも四国山地が横たわる。讃岐山脈には、全長3,845mの猪ノ鼻トンネルを穿ち、1929(昭和4)年4月28日に讃岐財田〜佃信号場間が開業したが、高知側は距離も長く、峡谷沿いの断崖絶壁への線路敷設やトンネル工事中の異常出水などに悩まされる。

この阿波池田〜土佐山田間は、全通後も土砂崩れ等の災害に見舞われ、その度にトンネル掘削による新線に付け替えられていき、「土惨線」とも呼ばれた路線の保守作業は、24時間体制で行われていた。

1930(昭和5)年6月21日の土佐山田〜角茂谷間の開業を皮切りに高知線が北上を続け、1934(昭和9)年10月28日に豊永まで到達する。そして、1935(昭和10)年11月28日に残る豊永〜三縄間が開業し、多度津〜須崎間が土讃線となる。

一方、須崎から西に向けては、1934(昭和9)年3月改正の鉄道敷設法で、「高知県須崎ヨリ窪川ニ至ル鉄道」として第一期線に編入され、翌年11月に着工。1939(昭和14)年11月15日に土佐久礼まで延伸した。しかし、その後は戦争の影響もあり工事は中断する。

1947(昭和22)年10月20日になって、土佐久礼〜影野間が開業し、1951(昭和26)11月12日の影野〜窪川間の開業により全線が開通した。この間、阿波川口〜小歩危間には全長2,178mの山城谷トンネルが貫通し、1950(昭和25)年11月4日から新線に切り替えられている。

多度津は、こんぴら五街道の一つ多度津海道の起点で、江戸時代には、北前船に乗って九州や遠く北陸などからも参拝客が押し寄せたという。◎1982(昭和57)年9月27日　撮影:安田就視

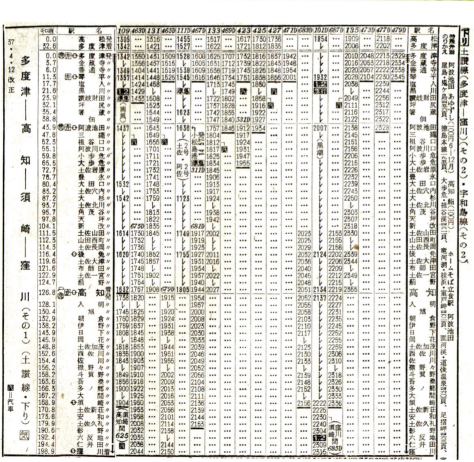

土讃線多度津～窪川間の1962(昭和37)年4月12日改正の時刻表。

黒川駅近くで財田川を渡る特急気動車。黄緑色の大きな葉を持つ植物は、煙草の原料になる葉タバコ。戦後、日本専売公社が行っていた葉タバコの全量買い取りは、1985(昭和60)年4月1日設立の日本たばこ産業が引き継ぎ、現在も栽培農家から全量を買い取っている。
◎黒川～讃岐財田 1990(平成2)年7月25日 撮影：安田就視

佃～箸蔵間の吉野川を渡るキハ20形気動車。佃は、1929(昭和4)年4月28日に徳島本線(現・徳島線)と分岐する信号場として開設され、1950(昭和25)年1月10日に駅に昇格した。◎1981(昭和56)年4月26日 撮影：安田就視

キハ58系気動車急行「あしずり3号」が吉野川を渡る。「あしずり」は、高松から窪川(後に土佐佐賀まで延長)を結んだ準急「足摺」が、1966(昭和41)年3月5日に急行へ格上げされる際、ひらがな表記になった。◎箸蔵〜佃　1981(昭和56)年4月26日　撮影:安田就視

戦前に開業した坪尻には、SLが苦手な高低差をクリアするためにスイッチバックが造られ、列車の行き違いにも利用された。現在は線形が改良され、スイッチバックの引き上げ線に入線するのは駅に停まる列車だけになった。◎坪尻　1990（平成2）年7月25日
撮影：安田就視

（全通後の災害対策）

ドサンドサンと岩が落ちる「土惨線」

　土讃線はその後も土砂崩れによる運休を余儀なくされ、その対策としてのトンネル掘削を各所で続け、1968（昭和43）年11月25日には、大歩危〜土佐岩原間に全長4,180mの大歩危トンネルも完成した。

　ところが、1972（昭和47）年7月5日午前10時55分、繁藤駅北側の追廻山(おいまわしやま)で、集中豪雨による数次の土砂崩れの後、大規模な山体崩壊が発生した。駅構内で運転見合わせ中のDF50形ディーゼル機関車と先頭側の客車2両は、穴内川へ転落し機関車は対岸まで押し流されて大破した。犠牲者は60人に及び土讃本線（中村線開業によりに改称）は、同年7月27日まで不通となった。

　「土惨線」の汚名を返上するためトンネル掘削による新線切り替えは続き、1973（昭和48）年2月26日には、大杉〜大王信号場間に全長2,583mの大杉トンネルを開通させ、1986（昭和61）年3月3日にも土佐北川付近を大豊トンネル（全長2,067m）経由の新線に付け替えて土佐北川は移転して橋梁上の駅とした。

　しかし、JRになった後も土讃線（JR化後に改称）の悲劇は続く。1998（平成10）年9月24日、台風7号やそれに伴う豪雨で高知市内では国分川などが氾濫し、布師田駅東方の盛り土が流失して線路が宙吊りになった他、各所で土砂崩れが起こり大杉〜高知間が不通となった。順次復旧工事が行われたが、大規模に築堤が崩落した繁藤〜土佐山田間の復旧は同年12月25日までかかった。

　その後も小規模な土砂災害は続き、2014年8月には、台風12号の豪雨により8月2日朝から運行を見合わせていたところ、8月6日になって土佐穴内〜大杉間で土砂崩れが発生し、その復旧作業中に再び台風11号の直撃を受け、8月12日まで不通となっている。

　この間、土讃線は災害復旧工事に加えて、枕木のコンクリート化や通過線の直線化などの改良で高速運転を可能とする工事も進め、1989（平成元）年3月11日からは、多度津〜阿波池田間を、同年7月1日からは阿波池田〜高知間も最高速度120km/h運転を可能とした。

　同年3月からは最高時速120kmの振り子式気動車特急2000系が登場、翌年11月21日には残る高知〜窪川間の高速化も完成した。

スイッチバックを行くキハ54形（右側）やキハ32形（次位）の混成気動車。ともにJRの経営安定化のために国鉄末期の1987（昭和62）年に新製投入され、キハ54形は車長21メートル、キハ32形は16メートルで、製造コストを抑えるため乗降口などはバス用の部品が使われた。
◎新改　1990（平成2）年7月25日　撮影：安田就視

波の絵柄入りヘッドマークも誇らしいキハ58系気動車急行「黒潮」。サン・ロク・トウと呼ばれた1961(昭和36)年10月1日の白紙ダイヤ改正で高松～須崎間に登場し、高松からは宇高連絡船経由で電車特急「富士」に接続、その日のうちに東京へ着いた。◎三縄 1964(昭和39)年2月21日 撮影:荻原二郎

雨に濡れる大杉駅。1932(昭和7)年12月20日に高知線(現・土讃線)が北上して来た際に一時的な終着駅となり、1934(昭和9)年10月28日に豊永まで延伸した。残念なことにこの駅舎は、2004(平成16)年1月2日に焼失し、三角屋根の駅舎となった。
◎1982(昭和57)年9月23日 撮影:安田就視

後免は、1925(大正14)年12月5日に高知線(現・土讃線)の延伸で開業し、安芸方面への高知鉄道(廃止)や土佐電気(現・とさでん交通)の後免線が集まる交通の要所となった。土佐くろしお鉄道の開業により、この駅舎も建て替えられ立派な橋上駅舎となっている。
◎1963(昭和38)年3月4日 撮影:荻原二郎

暦はまだ7月だが、一度目の実りの季節を迎えた高知平野をキハ181系気動車特急「南風」が走る。温暖な気候の高知は二期作の盛んな地域で、黄金色の稲穂が揺れる中、隣の田圃ではその年2回目となる田植えが始まったりする。◎布師田付近 1990(平成2)年7月25日 撮影:安田就視

キハ181系気動車特急「しまんと」が吉野川を渡る。「しまんと」は、瀬戸大橋開通に伴い高松～中村間の特急「南風」の愛称名が、岡山発着の特急名に転用されたため、新たに1988(昭和63)年4月10日に高松発着で中村を結ぶ特急名として登場した。◎三縄～祖谷口 1990(平成2)年6月2日 撮影:安田就視

大歩危に入線するキハ181系気動車特急「しまんと」。土讃線となった時に開業した駅は、「祖谷のかずら橋」で有名な祖谷渓への玄関として観光客で賑わっていた。「かずら橋」は、蔓植物のシラクチカズラで作られ、3年毎に架け替えが必要な奇橋。
◎大歩危　1990（平成2）年6月3日　撮影：安田就視

山間部で段々畑の連なる角茂谷～繁藤間をDE10形ディーゼル機関車が50系客車を牽いて走る。繁藤は、四国最高地点の駅で標高347メートルにあり、繁藤から高知側へはスイッチバックのある新改を経て一気に下っていく。
◎角茂谷～繁藤　1990(平成2)年6月3日　撮影：安田就視

キハ181系気動車特急「南風」が小歩危～大歩危間の峡谷に造られた狭路を走る。小歩危と大歩危は、1935(昭和10)年11月28日にそれぞれ西宇と阿波赤野として開業したが、1950(昭和25)年10月1日に現在の駅名に改称された。
◎小歩危～大歩危　1978(昭和53)年4月4日　撮影：安田就視

1986(昭和61)年3月3日に新線に切り換えられた区間を走るキハ65形ほかの気動車急行「土佐」。土佐北川は、移転して画面奥のオーバートラス橋の中にホームが造られた。その奥が同時に開通した全長2,067メートルの大豊トンネル。
◎土佐北川〜角茂谷　1990(平成2)年7月25日　撮影:安田就視

紅葉の溪谷を眺めて走るキハ20形気動車。国鉄オリジナルの朱色4号とクリーム4号のツートンカラーの車体が色づく山峡によく映えている。しかし、この付近も落石が多く、原動機付きの小型巡回車両で24時間体制の線路点検が行われていた。
◎大歩危～小歩危 1976(昭和51)年11月10日 撮影:安田就視

田植えの準備のためトラクターで代掻き作業をする農夫の横をキハ32形気動車が通り過ぎる。キハ32形は、国鉄末期にローカル線用として開発された小型気動車で、バス用の部品が数多く採用されている。縦長に窓ガラスが入り折戸になった乗降口もその一つ。
◎斗賀野付近　1990（平成2）年6月4日　撮影：安田就視

キハ181系気動車特急「あしずり」が終着駅中村を目指す。急行「あしずり」時代は、高松までを結ぶ長距離急行だったが、1990（平成2）年11月21日に高知発着となり、同時に高知〜窪川間の最高時速が120キロに引き上げられて特急に格上げされた。
◎安和〜土佐久礼　1992（平成4）年1月4日　撮影：野沢敬次

土佐電気鉄道（現・とさでん交通）桟橋線の200形路面電車が停まる高知駅前。高知駅は、南国土佐の玄関口として、1924（大正13）年11月15日に須崎側から延伸して来た高知線の終着駅として開業し、駅の開業により桟橋線も1928（昭和3）年2月16日に延伸してきた。
◎1990（平成2）年7月23日　撮影：安田就視

影野〜六反地間を走るキハ1000形気動車。土讃線の中では最後に開業した区間で、戦後に工事が再開されて、1951（昭和26）年11月12日に窪川まで開業して全通した。なお、六反地は、10年近く遅れて1961（昭和36）年4月15日になってから開業した。
◎1991（平成3）年11月14日　撮影：安田就視

キハ181系気動車特急「南風」が遠路高松を目指す。「南風」は、新幹線岡山開業のダイヤ改正で、四国に初めて設定された特急の一つ。進行方向には駅の腕木式信号機の腕木が場内信号(上・赤)、通過信号(下・黄)ともに下がり、駅の通過を示している。
◎吾桑〜多ノ郷 1978(昭和53)年4月1日 撮影:安田就視

2000系気動車特急「あしずり」が船溜まりの横を走る。2000系は、世界初の制御付き振り子式気動車で、1989(平成元)年3月11日のダイヤ改正で、「南風」と「しまんと」に採用され、高知駅では同日、盛大な出発式が執り行われた。◎須崎〜大間　1994(平成6)年1月8日　撮影：安田就視

1939(昭和14)年11月15日に土讃線の終点として設置された土佐久礼駅。この階段状に屋根が連なる木造駅舎は、出入口や屋根は改修されたが今も健在で、公衆電話ボックスも左側は残っている。中に見える黄色の電話機は、100円玉が利用可能となった時のもの。
◎1982(昭和57)年9月23日　撮影：安田就視

雨上がりの斗賀野駅。須崎から建設の始まった土讃線の中で、1924(大正13)年3月30日に最初に開業した駅の一つで、土佐石灰工業の専用線が出ていて鉱石専用貨車(ホキ5200形)が常備されていた。
◎1982(昭和57)年9月23日　撮影：安田就視

1924(大正13)年11月15日に開業した伊野駅。和紙で栄えた伊野には土佐電気鉄道(現・とさでん交通)が高知側から1907(明治40)年11月7日に到達していたが、省線の開業により駅前に伊野駅駅前電停が設置された。◎1964(昭和39)年2月21日　撮影:荻原二郎

予土線や中村線が開業する前の窪川駅。窪川は、1951(昭和26)年11月12日に延伸してきた土讃線の終着駅として開業し、駅前からは国鉄バスが宇和島線(現・予土線)の江川崎を結んでいた。◎1963(昭和38)年3月3日　撮影:荻原二郎

土佐久礼での列車の行き違い風景。対向ホームに停まるのは、キユニ07形気動車（一番手前）を連結したキハ20形気動車。キユニ07形は、元々は、戦前に製造された機械式気動車で、駆動方式が異なるため連結時には客車のように牽引されていた。
◎1963（昭和38）年3月4日
撮影：荻原二郎

窪川に停まるキユニ07形気動車2号車。キユニ07形は、四国で進められた無煙化のため気動車用の郵便荷物車として1960（昭和35）年にキハ07形気動車から改造された。◎1963（昭和38）年3月3日　撮影：荻原二郎

吉野川の水運を鉄道へ
徳島線

とくしません

路線DATA
区　　間	佃〜佐古(67.5km)
駅　　数	24駅
軌　　間	1,067mm
動　　力	全線非電化
全通年	1914(大正3)年3月25日

珍名駅で有名な学駅で、行き違うキハ20形気動車。1899(明治32)年12月23日に当時の徳島鉄道が開業した歴史ある駅で、学は、現在もある川島町学の地名から付けられた。
◎1982(昭和57)年9月2日　撮影:安田就視

小松島港を経て関西からの幹線となる

　文字通り徳島県内を吉野川の南岸に沿って走る路線で、始まりは予讃線や土讃線の祖となった讃岐鉄道に遅れること10年、1899(明治32)年2月16日に徳島鉄道が徳島〜鴨島間を開業させた。徳島鉄道は、地元の県会議員で吉野川の改修事業にも尽力した大串龍太郎と仲間の藍商人らが1895(明治28)年11月22日に敷設免許を出願した鉄道で、主に吉野川の水運に頼っていた藍製品の輸送を大量・高速化することを主目的にしていた。開業後も順次吉野川を遡って延伸し、1900(明治33)年8月7日に船戸(廃止、現・川田駅の西300m付近)まで達して船戸からは、吉野川対岸のうだつで有名な脇町までを船で連絡した。

　ご多分に漏れず徳島鉄道も1907(明治40)年9月1日に国有化され、1909(明治42)年10月12日に徳島〜船戸間は、徳島線の名称が与えられた。1913(大正2)年4月20日には支線となる小松島軽便鉄道(後の小松島線)が開業して徳島本線となった。

　その翌年、1914(大正3)年3月25日に川田から阿波池田まで延伸開業し、川田〜船戸間は廃止され川田駅も移転した。徳島本線はその後も延伸し1931(昭和6)年9月19日には現在の土讃線区間である三縄まで達した。この区間は、1935(昭和10)年11月28日の土讃線全通時に土讃線へ編入され、徳島本線の終点は阿波池田となった。

　佃信号場(現・佃駅)〜阿波池田間は土讃線との二重戸籍となったが、これは戦後になって1962(昭和37)年7月18日に阿波池田〜佃間が土讃線に編入され、徳島本線の終点は佃駅に変わる。

　全通後の徳島本線は、小松島線(後に廃止)に乗り入れて小松島港(後に廃止)〜阿波池田間の直通列車が運行され、一部列車は土讃線にも乗り入れて高知の先、土佐久礼まで運行していた。

　小松島港からは連絡船で大阪(天保山)や兵庫、和歌山と結ばれ、関西と高知を結ぶ重要な路線となっていった。

　戦後、1962(昭和37)年4月12日からは、初の優等列車となる準急「阿佐」が小松島港〜高知・多度津間で運行を開始し、小松島港〜多度津間の列車は、翌年2月1日からは予讃本線に乗り入れて松山を結ぶ準急「いしづち」となった。同年10月1日からは徳島〜高知間に準急「よしの川」も登場する。3つの準急は揃って1966(昭和41)年3月5日のダイヤ改正で急行に昇格するが、ヨン・サン・トウ(昭和43年3月10日)の白紙ダイヤ改正で、「阿佐」は「よしの川」に統合され、松山への「いしづち」は廃止された。

　1987(昭和62)年4月1日の国鉄分割民営化に伴い、徳島〜佐古間は高徳本線の区間となり、徳島本線は佐古〜佃間となり、翌年6月1日には線名が徳島線に改められた。

　JR四国は徳島線の高速化事業にも取り組み、1996(平成8)年3月16日のダイヤ改正からは、最高時速110kmのキハ185系特急「剣山」が走り始めた。

明石海峡大橋が開通した1998(平成10)年4月5日から走り始めたキハ185系気動車特急「あい」。あいは、地元名産の藍から来ており、ヘッドマークや車体側面には阿波踊り、車内にも鳴門の渦潮などのイラストが描かれていたが、僅か1年後のダイヤ改正で廃止された。
◎穴吹〜小島　1998(平成10)年8月8日　撮影:野沢敬次

キロ程	駅名	531D	533D	321	521	523	359D	341D	343D	345D	323	347D	308D	349D	351D	353D	355D
0.0	阿波池田発	···	···	···	519	···	···	620	713	···	806	907	943	1022	···	1116	···
6.6	辻〃	···	···	···	528	···	···	628	722	···	814	920	高知発	1031	···	1125	···
11.7	阿波加茂〃	···	···	···	536	···	···	636	···	···	822	926	730	1039	···	1135	···
13.8	三加茂口〃	···	···	小着	543	···	···	642	737	830	826	932	阿1佐号	1044	阿着	1140	···
16.3	三江〃	···	···	松島港	551	···	···	649	744	837	902	941	阿010	1049	波富	1147	···
22.3	阿波半田〃	···	···	720	555	···	703	653	747	842	911	945	波富岡	1055	岡	1151	···
24.5	貞光〃	···	···	···	606	···	714	703	754	849	916	1008	1008	1102	1427	1158	···
29.7	小島〃	···	···	···	···	···	···	···	···	···	928	951	レ	···	···	···	···
35.4	穴吹〃	455	529	···	614	637	···	730	801	835	900	937	1007	1115	1133	1222	1305
39.9	川田〃	501	535	···	625	653	···	736	809	841	909	947	1013	1120	1139	1228	1311
42.4	阿波山川〃	505	538	···	631	659	阿着	740	813	845	913	952	1017	1124	1142	1232	1315
45.0	山瀬〃	509	545	···	638	705	波富	746	819	849	917	956	1021	1128	1157	1241	1319
47.8	学〃	513	550	···	646	711	岡	750	824	856	921	1001	1025	1132	1201	1245	1323
51.3	阿波川島〃	518	555	···	657	719	816	755	830	901	930	1007	1043	1140	1209	1250	1335
53.2	西麻植〃	522	559	···	702	724	···	759	833	904	933	1011	1046	1143	1212	1253	1335
55.1	鴨島〃	528	603	···	708	728	···	806	840	908	937	1015	1050	1147	1215	1256	1342
56.9	麻植塚〃	531	607	···	レ	···	···	810	844	912	940	レ	1053	1150	1219	1300	1346
58.9	牛島〃	535	613	···	716	735	···	815	847	917	947	1021	1059	1154	1226	1303	1349
61.4	下浦〃	539	617	···	レ	···	···	820	852	921	レ	レ	1103	1158	1230	1308	レ
63.7	石井〃	543	621	···	724	743	···	824	856	926	953	1028	1107	1202	1237	1312	1356
67.4	府中〃	548	628	···	734	750	阿発	829	904	930	957	1034	1114	1207	1242	1317	1401
70.7	蔵本〃	553	634	···	741	759	828	836	909	938	1005	1039	1119	1211	1247	1322	1408
72.6	佐古〃	558	640	···	745	804	833	841	915	942	1008	1043	1122	1217	1256	1327	1411
74.0	徳島着	600	642	···	749	807	837	843	918	944	1011	1046	1125	1220	1259	1329	1414
···	牟岐着	···	···	···	···	···	···	1129	···	1234	···	1332	小松島港着	1424	1536	···	1634

37.4.12改正

阿波池田——徳島（その1）（徳島本線・下り）

1962（昭和37）年4月12日改正の徳島本線の時刻表。高知発の準急「阿佐」が小松島港までを結んでいた。

学駅の駅前で小学生が近くの学島小学校へ集団登校する。学島小学校は、1875（明治8）年7月に始まった由緒ある小学校。ここでも交通事故や犯罪から児童を守るために上級生が下級生を先導する微笑ましい姿が見られた。◎1990（平成2）年6月　撮影：安田就視

吉野川を眺めながら阿波加茂～辻間を行くキハ45形ほかの気動車。キハ45形は、キハ20形の乗降口が片扉で、ラッシュ時には混雑したため両開きドアにした後継車両で、温暖地向けの0番台は、1966（昭和41）年～1968（昭和43）年にかけて製造された。◎1978（昭和53）年4月4日　撮影：安田就視

吉野川に沿って川田〜穴吹間を走るキハ45形ほかの気動車。川田付近では、徳島鉄道が1900（明治33）年8月7日に吉野川渡船のため船戸に駅を設けたが、国有化後、阿波池田に向けて延伸した1914（大正3）年3月25日に廃止され、今の位置に川田駅も移転した。
◎1978（昭和53）年4月4日　撮影：安田就視

端午の節句に向けてコイノボリの上がる穴吹〜小島間を駆ける気動車。穴吹は、剣山への玄関口の一つであり藍の集散地としても栄え、1914(大正3)年3月25日の駅開業に合わせて、同年4月5日に開店した「ぶどう饅頭」で有名な日乃出本店もある。
◎1978(昭和53)年4月4日　撮影:安田就視

民間鉄道が分断された歴史
鳴門線

なるとせん

路線DATA

区　　間	池谷〜鳴門（8.5km）
駅　　数	7駅
軌　　間	1,067mm
動　　力	全線非電化
全通年	1928（昭和3）年1月18日

教会前〜立道間を走るキハ20形気動車2連。阿波電気軌道が1916（大正5）年7月1日に開業させた区間で、教会前は、当時、天理教会前と名乗っていた。その改称時期については諸説あるが、遅くとも国有化された時点では改称されていた。
◎1980（昭和55）年8月24日　撮影：安田就視

ハスの花咲くローカル線に秘められた悲劇

　文字通り鳴門へ向かう路線だが、始まりは明治末期に出願された私鉄だった。その名も阿波電気軌道、いわゆる当時流行った路面電車での計画だった。

　撫養町の手塚尉平や川島町（現・吉野川市）出身の実業家、後藤田千一らが鉄道敷設を出願し、1911（明治44）年12月23日に徳島〜加茂間および応神〜撫養間について軌間1,435mmの電気を動力とした軽便鉄道免許が下付され、加茂〜応神間を遮る吉野川には架橋せず連絡船を就航させることにした。

　しかし、翌年11月1日に会社を設立したが、電力供給の目途が立たず電化を諦め、軌間も官設と同じ1,067mmへ変更して1916（大正5）年7月1日に古川（応神町）〜中原〜池谷〜撫養（後のゑびす前、現・撫養）間を開業させた。鉄道免許の下付された徳島〜加茂間は、敷設ができず中原から連絡船で徳島側の富田橋（後に新町橋）へ接続した。

　阿波電気軌道の経営は安定せず鍛冶屋原線（廃止）の建設にも多額の借入を行っていたところへ、致命的な事故が起こる。1923（大正12）年2月19日に池谷駅構内において、阿波國一之宮の大麻比古神社への参詣客で満員となった列車が脱線転覆し5名が死亡、重傷者9名を出す大惨事となった。このため大口の債権者だった安田保善社（安田財閥）が経営を引き継ぎ、社名も1926（大正15）年4月30日に阿波鉄道と改称した。

　1928（昭和3）年1月18日に現在の鳴門まで延伸し、そこを撫養として、元の撫養はゑびす前に改称する。

　そして、高徳本線（現・高徳線）の建設を進めていた鉄道省によって阿波鉄道は、1933（昭和8）年7月1日に買収されて阿波線となった。高徳本線は、1935（昭和10）年3月20日に全通し、池谷〜撫養間は撫養線の名称を与えられた。

　戦後になって、1948（昭和23）年8月1日に撫養は鳴門に改称し、撫養線の名称も1952（昭和27）年3月1日に鳴門線に改称した。

そぼ降る雨の終着駅、鳴門の構内。左奥にはキハ20形気動車が停まり、右にはキハ58形ほかの気動車が見える。現在の駅は、1970（昭和45）年3月1日に移転されたもの。2018（平成30）年7月1日には駅前ロータリーに足湯が造られた。
◎1973（昭和48）年8月18日　撮影：安田就視

阿波電気軌道から改称した阿波鉄道が設置した移転される前の鳴門駅。左手の看板には、文芸春秋が主催する鳴門市民会館の講演会に石原慎太郎と加藤芳郎が来ると告知している。◎1960（昭和35）年10月27日　撮影：荻原二郎

1962（昭和37）年の鳴門線の下り時刻表。大半の列車が徳島行きだが、牟岐線の阿波富岡（現・阿南）まで直通した列車もあった。

阿波大谷〜立道間に広がるハス田の中を走るキハ40形気動車。吉野川の河口に広がっていた湿地帯は古くからレンコンの生産が盛んな地域で、近年は無農薬栽培にも取り組み、コウノトリが飛来するなど野鳥の宝庫にもなっている。◎1990(平成2)年5月31日　撮影:安田就視

立道〜教会前をDE10形ディーゼル機関車が牽引する貨物列車が通る。鳴門線の貨物営業は、1984 (昭和59) 年2月1日に廃止されている。
◎1980 (昭和55) 年8月24日　撮影：安田就視

教会前〜立道間を走るキハ58系気動車。キハ58系は1961 (昭和36) 年に開発された急行用気動車で、急行列車の増発と無煙化に貢献した。その後、電化や急行の特急格上げで余剰となりローカル線の普通列車運用にも就いた。◎1980 (昭和55) 年8月24日　撮影：安田就視

2つの県都を繋ぐ路線
高徳線

こうとくせん

路線DATA

区　　間	高松〜徳島(74.5km)
駅　　数	29駅
軌　　間	1,067mm
動　　力	全線非電化
全通年	1935(昭和10)年3月20日

徳島側は民間鉄道、香川側は鉄道省が建設

　高松と徳島を結ぶ高徳線の建設は、大正末期に鉄道省により高松側から建設が始まったが、徳島側は既に開業していた阿波鉄道を国有化し、同社が架橋できなかった吉野川に架橋して全通している。

　開業区間順に見て行くと、まず徳島線の祖となる徳島鉄道が、1899(明治32)年2月16日に鴨島〜佐古〜徳島間を開業させ、同社は1907(明治40)年9月1日に国有化されて、佐古〜徳島間が後に高徳線の一部となる。

　次に阿波電気軌道が1916(大正5)年7月1日に古川〜吉成〜池谷〜撫養間を開業し、その後、阿波鉄道と改称して国有化後に吉成〜池谷間が高徳線の区間となり、池谷〜撫養間は撫養線を経て鳴門線となった。

　高松側からは、1925(大正14)年8月1日に高松〜志度間を開業したのを皮切りに順次延伸を続け、1928(昭和3)年4月15日には、醤油や砂糖「和三盆」の生産で賑わう引田まで到達している。

　そこからは、讃岐山脈の大坂峠や吉野川の架橋に時間を要したが、7年後の1935(昭和10)年3月20日になって引田〜板西(現・板野)間に全長989mの大坂山トンネルを穿ち、大坂峠を挟んで高松側に讃岐相生、徳島側には阿波大宮の両駅を開業し、吉成〜佐古間には全長949mの吉野川橋梁を架けて全通した。

　この時、高松〜徳島間は高徳本線となり、阿波鉄道の路線だった板西〜鍛冶屋原間は鍛冶屋原線、池谷〜撫養間は撫養線に、そして古川〜吉成間の鉄道線および吉野川の連絡船は廃止された。

　戦後、1959(昭和34)年9月22日からは高徳本線初の優等列車である準急「阿波」が1往復で登場し、好評だったので2年後には5往復に増発された。1961(昭和36)年10月1日には「阿波」の一部が「なると」、「眉山」に改称されたが、1年も経たない翌年7月18日に「阿波」に統一された。ヨン・サン・トウ(昭和43年10月1日)の白紙ダイヤ改正で、「阿波」は急行に格上げされたが、このダイヤ改正で全国の国鉄から準急の種別が消えることになった。

　1988(昭和63)年4月10日、国鉄分割民営化を見据えて進められていた路線の高速化工事が完成し、同日に開業した本四備讃線を経由して岡山・高松〜徳島間に特急「うずしお」が最高時速110kmで走り始めた。

　「うずしお」は同線初の特急で、最高時速85kmだった急行「阿波」を格上げして改名した。なお、この年の6月1日に路線名を高徳線に改称している。

　高徳線は、その後も高速化工事を続け、1998(平成10)年3月14日のダイヤ改正からは、最高時速130kmで走行する2000系の後継車N2000系気動車が登場し、特急「うずしお」の運用に就いた。

旧吉野川を渡るキハ20形+キハ45形+キハ20形の気動車。旧吉野川は、徳島平野を蛇行して流れ、洪水による氾濫が絶えなかったが、1907(明治40)年から1927(昭和2)年まで第十堰の建設など大規模な治水工事が行われ、現在の姿になった。
◎勝瑞〜池谷　1978(昭和53)年4月3日　撮影:安田就視

屋島は、鉄道省が建設した高徳線で最初に開業した区間にあり、1925(大正14)年8月1日の開業と同時に設置された。屋島にある源平古戦場の下車駅と案内があるが、実際には高松琴平電気鉄道・志度線の琴電屋島の方が近い。◎1982(昭和57)年9月20日　撮影:安田就視

香川県と徳島県を分ける大坂峠の香川側を行くキハ40形気動車。撮影場所の県道1号線は、現在でも大型車両の通行が困難な狭いヘアピンカーブが連続するが、峠からの眺めは、素晴らしく写真左上には讃岐相生駅や引田の市街地も写っている。
◎讃岐相生〜阿波大宮　1990(平成2)年5月31日　撮影:安田就視

高徳線と鳴門線が分岐する池谷で行き違うキハ185系気動車特急「うずしお」とキハ1000形気動車。1000形は、JR四国が1990(平成2)年～1997(平成9)年に56両を新製したステンレス車体の気動車。◎1990(平成2)年5月31日　撮影:安田就視

板東駅は、1923(大正12)年2月15日に阿波電気軌道が、鍛冶屋原まで路線を伸ばした時に開設され、四国八十八ヶ所第1番札所である霊山寺(りょうぜんじ)の最寄り駅となった。◎1982(昭和57)年9月22日　撮影:安田就視

1962(昭和37)年4月12日改正の高徳本線の時刻表。準急「阿波」に加えて短命だった準急「眉山」の名前も見える。

キハ25形気動車2両による準急「阿波」。準急「阿波」は、1959(昭和34)年9月22日に高徳本線に初めて登場した優等列車で、高松と徳島を結んだ。キハ25形は、キハ20形を片運転台にした形式。◎徳島　1964(昭和39)年2月22日　撮影:荻原二郎

志度に停まるキハ20形気動車。志度は、1925(大正14)年8月1日に鉄道省が建設した高徳線の最初の終着駅となった。四国八十八ヶ所第86番札所志度寺の最寄り駅で、ホーム右手の電柱は、その形状からハエタタキと呼ばれた。◎1960(昭和35)年10月27日　撮影:荻原二郎

讃岐津田に停まるキハ20形(前)とキハ35形(後)の気動車。近くの県立津田高校の生徒たちが家路に向かう。同校は、1982(昭和57)年から「津田の松原清掃」を行い、近年はJR津田駅周辺の清掃活動も全校生で行っている。◎1982(昭和57)年9月20日 撮影:安田就視

徳島県南部の海岸線を行く
牟岐線

むぎせん

路線DATA
区　間	徳島～海部（79.3km）
駅　数	30駅
軌　間	1,067mm
動　力	全線非電化
全通年	1973（昭和48）年10月1日

キハ30形気動車を先頭にして、地蔵橋～中田間の田園を走る普通列車。キハ30形は、トイレの無い両運転台車で、近郊区間のラッシュ時対応のため、両開きのドアを片側3ヵ所に設置し、強度の関係でドアを外吊りにした車両。◎1980（昭和55）年8月24日　撮影：安田就視

藍商人が敷設して国有化後に南下する

　室戸岬回りで徳島と高知を結ぶ鉄道として構想された路線の徳島側の一部が牟岐線だが、徳島近郊の区間は、民間資本の鉄道会社2社が建設し、いずれも国有化されて牟岐線の一部となった。

　明治政府の殖産興業政策の下、1882（明治15）年には国内初の本格的な紡績会社である大阪紡績（現・東洋紡）が設立され、阿波の藍生産も活況を呈していた。

　しかし、大阪までの船便は大阪商船（現・商船三井）に独占され高い運賃に悩まされていた。このため藍商人ら約1,500名が出資して阿波国共同汽船が1887（明治20）年9月14日に設立され、大阪商船に対抗する。そして、大型船の就航のため小松島港が整備されると1910（明治43）年には同じ出資者が船便の発着する小松島港の利便性を高めるため阿波国共同鉄道も設立する。

　翌年、同社に徳島～小松島間の仮免許が交付されると事業を阿波国共同汽船に譲渡し、1913（大正2）年4月20日に徳島～小松島間が開業する。それをそのまま鉄道院が借り上げて小松島軽便線として営業を始めたが、1917（大正6）年9月1日には国有化される。この内の徳島～中田間が後に牟岐線となった。

　一方、明治後半には徳島県南部についても鉄道敷設の機運が高まり、徳島鉄道の役員らが阿陽鉄道として徳島～岩脇（羽ノ浦町古庄付近）間の鉄道敷設を申請したが、1901（明治33）年5月31日に阿陽鉄道ではなく徳島鉄道の方へ仮免状が交付された。しかし、徳島鉄道が国有化されたため計画は頓挫する。

中田を出発したDE10形ディーゼル機関車牽引の旧型客車。腕木式信号機が林立して、それぞれの線路毎の状態を運転士に指示している。赤色が場内信号機、黄色は通過信号機で、この横羽が下がると「進行」になる。◎中田～地蔵橋　1980（昭和55）年8月24日　撮影：安田就視

その後、藍商人で後に衆議院議員となる生田和平らが阿陽鉄道と同じルートで阿南電気鉄道の設立を申請し、1912（大正元）年10月22日に小松島〜岩脇村字姥ヶ原間の敷設免許を取得した。そして、軌間や動力、敷設ルートの変更等で紆余曲折をしたが、1916（大正5）年12月15日に小松島軽便線の分岐駅である中田から古庄（貨物駅を経て廃止）間を阿南鉄道として開業した。

古庄は、鄙びた那賀川の渡し場だったが駅ができて舟運やバスと鉄道の結節点となり束の間の繁栄を味わうこととなる。

古庄から南へは、那賀川への架橋がネックとなり、立江から内陸部の棚野村への延伸も、1918（大正7）年12月12日に免許が交付されたが着工できずに免許は失効した。

そんな中、地元悲願の室戸岬経由で高知に向かう鉄道が、1922（大正11）年4月11日に改正鉄道敷設法の別表に「高知県後免ヨリ安芸、徳島県日和佐ヲ経テ古庄付近ニ至ル鉄道」として掲載された。

地元は歓喜に沸くと共に熾烈な「我田引鉄」の誘致合戦が繰り広げられた。結局、地元出身で鉄道省の高官だった山田隆二が調整をして、羽ノ浦から分岐し海沿いの町を繋ぐルートが採用された。

1936（昭和11）年3月27日に羽ノ浦〜桑野間が開業すると同年7月1日に阿南鉄道（中田〜羽ノ浦〜古庄間）は、国有化されて牟岐線へ編入されたが、分岐が羽ノ浦になったことで、羽ノ浦〜古庄間は支線区間となる。

この区間の旅客営業も廃止され古庄は貨物線の終着駅として再び静かな集落に戻ることになる。

大浜海岸がウミガメの産卵地として知られる日和佐には、1939（昭和14）年12月14日に駅が開業し、一時的な終着駅となった。四国八十八ヶ所第23番札所の薬王寺も近い。◎1982（昭和57）年9月22日　撮影：安田就視

その後も牟岐線は延伸して翌年6月27日には阿波福井まで到達し、戦時中の1942（昭和17）年7月1日に牟岐まで開通した。しかし、牟岐から先は阿佐線として計画されていたが、工事は中断したままとなった。

戦争末期には、悲惨な事件も起こった。1945（昭和20）年7月30日16時頃、牟岐行5両編成の列車が那賀川橋梁を走行中、突如、アメリカ軍の戦闘機2機により爆撃と機銃掃射を受け、死者30余名、重軽傷者20余名の被害を出した。那賀川橋梁には今も弾痕が残り、橋のたもとには「平和之碑」が建立されている。

1961（昭和36）年4月1日には、貨物支線の羽ノ浦〜古庄間が廃止され、牟岐線と小松島線の路線区分も変更して、徳島〜牟岐間が牟岐線となった。

そして、「阿佐線」の一部は、1965（昭和40）年になって工事が再開され、1973（昭和48）年10月1日に牟岐〜海部間を開業。しかし、阿佐線ではなく牟岐線に編入された。

1962（昭和37）年4月12日改正の牟岐線の時刻表。鳴門線の鳴門や徳島本線の穴吹からも直通列車が運行されていた。

終着駅時代の牟岐駅。1973(昭和48)年10月1日に海部まで延伸して途中駅となった。ホームに停まるのは、キニ15形の荷物用気動車。中間車だったキロハ18形を運転台付に改造したため、平板な断面に窓が付けられその下部を補強したレアな車両だった。
◎1973(昭和48)年8月17日　撮影:安田就視

キハ185系気動車特急「むろと」の名前は、高松と牟岐を結ぶ準急や急行として活躍した愛称だが、1988（昭和63）年4月10日に一旦廃止され、1999（平成11）年3月13日に特急として再登場した。◎羽ノ浦〜立江 1999（平成11）年4月3日　撮影：野沢敬次

牟岐駅に停まるキハ20形203号気動車。200番台は、バス用窓だった0番台を2段式窓に改良された。◎1964（昭和39）年2月22日　撮影：荻原二郎

徳島を出発した8620形SLが牽引する旧型客車。四国は、千葉地区とともに無煙化のモデル地区となり、1970（昭和45）年3月にはSLが全廃されたが、牟岐線はその最後の路線の一つだった。◎1964（昭和39）年2月22日　撮影：荻原二郎

地蔵橋〜二軒屋間で園瀬川を渡るキハ58系気動車急行「よしの川」。「よしの川」は、1963(昭和38)年10月1日に準急として登場し、1966(昭和41)年3月5日のダイヤ改正で急行に格上げされた。◎1980(昭和55)年8月24日　撮影:安田就視

辺川～山河内間の分水嶺を行く気動車。右からキハ47形、キハ28形、キユニ28形の3連で、キユニ28形は、急行用キロ28形の足回りにキハ40系向けの新製車体を載せて改造した郵便荷物用の車両。◎1981(昭和56)年4月15日　撮影:安田就視

未成線を第三セクターで
阿佐海岸鉄道阿佐東線
あさかいがんてつどうあさひがしせん

路線DATA	
区　間	海部〜甲浦（8.5km）
駅　数	3駅
軌　間	1,067mm
動　力	全線非電化
開業年	1992（平成4）年3月26日

国鉄が到達できなかった高知県甲浦へ

　牟岐線の項でも触れたが、徳島から室戸岬経由で高知に向かう鉄道の構想は、大正時代に改正鉄道敷設法の別表に掲載されたが、実現には至らなかった。

　戦後になって、ようやく牟岐〜室戸〜後免間が、赤字に陥った国鉄に代わって1964（昭和39）年3月23日に発足した鉄建公団が建設することになる。

　牟岐〜室戸間が1965（昭和40）年に阿佐東線として工事が再開されて、1973（昭和48）年10月1日には、牟岐〜海部間が開通した。しかし、距離が11.6kmと短いため阿佐東線とはならずに牟岐線に編入されている。

　翌年の4月には、海部〜野根間の工事に着工し、1980（昭和55）年2月には、海部〜宍喰間のレール敷設も完了し、延伸開業に向けて準備していた矢先、同年12月27日に日本国有鉄道経営再建促進特別措置法（国鉄再建法）が公布・施行され、工事は中断される。

　完成目前での突然の工事中止だったこともあり、徳島県が35％、高知県が10％、地元自治体や金融機関・民間団体が残りを出資して、1988（昭和63）年9月9日に第三セクター方式の阿佐海岸鉄道が設立される。

　そして、1989（平成元）年3月29日に工事を再開し、1992（平成4）年3月26日に海部〜甲浦間が開業した。

宍喰駅付近を走るキハ185系気動車特急「うずしお」編成の普通列車。阿佐海岸鉄道の開業と共に牟岐線からの乗り入れが始まった。◎甲浦〜宍喰　1993（平成5）年10月30日　撮影：安田就視

阿佐海岸鉄道の開業時には、ASA-100形とASA-200形のステンレス製気動車が各1両新製配置されたが、ASA-200形は、2008（平成20）年6月30日の衝突事故で廃車になった。◎甲浦〜宍喰　1993（平成5）年10月30日　撮影：安田就視

高知側から室戸岬を目指す

土佐くろしお鉄道阿佐線
（ごめん・なはり線）

とさくろしおてつどうあさせん

路線DATA

区　間	後免〜奈半利（42.7km）
駅　数	20駅
軌　間	1,067mm
動　力	全線非電化
全通年	2002（平成14）年7月1日

安芸は、阿佐線が開業した2002（平成14）年7月1日に設置され、車両基地や運行管理センターもある同線の中核的な駅。◎撮影：安田就視

高知県が主導して建設工事を再開し開業

　牟岐線、阿佐海岸鉄道と同じく大正時代に鉄道敷設が構想されながら、こちらは戦前に線路が建設されることは無かった。戦後になって高度経済成長の最中、1965（昭和40）年3月に運輸大臣（現・国土交通大臣）が国鉄阿佐線の工事実施計画を認可し、その前年に発足した鉄建公団により、3月26日に安芸〜田野（奈半利）間が国鉄新線として着工された。

　同年10月27日には、残る後免〜安芸間も着工され、建設は順調に進むように思われた。

　しかし、阿佐東線（阿佐海岸鉄道）と同様に国鉄再建法により、1981（昭和56）年12月10日に建設工事は凍結され、地元を失望させることになる。

　その後、高知県が主体となって沿線自治体と工事再開に向けて協議を続けた結果、1986（昭和61）年2月8日に、高知県と阿佐線・宿毛線の沿線自治体から成る関係首長会議において、両線を一体化した第三セクターを設立して建設を再開することで合意した。

　同年5月8日に高知県が49.1％、高知県内の阿佐線・宿毛線沿線18市町村が41.1％、金融機関や民間企業等が残りを出資して、土佐くろしお鉄道を設立。

　1988（昭和63）年1月28日には、後免〜奈半利間の第一種鉄道事業免許が認可され、同年3月23日から同区間の工事が再開された。

　そして、2002（平成14）年7月1日、阿佐線後免〜奈半利間が開業し、路線の通称は、「ごめん・なはり線」となった。

赤野〜穴内間で土佐湾を眺めながら走る9640形7号車。9640形は、ステンレス製の両運転台車で、JR西日本のキハ126形と似た仕様となっている。
◎撮影：安田就視

土讃線の延伸ルートの路線
土佐くろしお鉄道中村線

とさくろしおてつどうなかむらせん

路線DATA

区　間	窪川～中村(43.0km)
駅　数	15駅
軌　間	1,067mm
動　力	全線非電化
全通年	1970(昭和45)年10月1日

ハイパワーなキハ65形気動車を先頭に走る急行「あしずり」。最後部は、郵便荷物車のキユニ28形。◎伊与喜～荷稲　1980(昭和55)年8月25日　撮影:安田就視

末期の国鉄に翻弄されて第3セクターへ

　土讃線の窪川から西へ延伸して中村へ向かう中村線は、1922(大正11)年4月11日に公布された改正鉄道敷設法の別表105号に、1953(昭和28)年8月1日になって第105号ノ3として「高知県窪川付近ヨリ中村ニ至ル鉄道」が追加されたものである。

　そして1957(昭和32)年6月に窪川～土佐佐賀間が着工され、途中の川奥信号場～荷稲間では、約41mの高低差をループ線となった全長2,031mの第一川奥トンネルでクリアし、1963(昭和38)年12月18日に同区間が開業した。

　中村側からも1967(昭和42)年3月に浮鞭～中村間が着工された。そんな中、あろうことか建設中の中村線は、1968(昭和43)年9月4日に国鉄の諮問委員会が提出した意見書の中で「赤字83線」に選定され工事中止を求められた。田中角栄内閣によってこの取組は中断され、中村線は、1970(昭和45)年10月1日に残る土佐佐賀～中村間が開業して無事全通する。

　1972(昭和47)年3月15日のダイヤ改正からは、特急「南風」が中村線と土讃本線・予讃本線を直通して中村～高松間で運行を開始した。その後、赤字に苦しむ国鉄は、再び地方路線の廃止を求められ、中村線も1986(昭和61)年4月7日に第3次廃止対象特定地方交通線に選定された。

　これを受けて地元では高知県や沿線自治体による存続に向けての協議が進み、同年5月8日には、土佐くろしお鉄道が設立され、同年11月22日に同社が中村線廃止後の運営を引き継ぐことが決まった。

　1987(昭和62)年4月1日の国鉄分割民営化により中村線は一旦、四国旅客鉄道(JR四国)に承継されたが、翌年4月1日に土佐くろしお鉄道へ移管された。

　そして、4月10日には本四備讃線(瀬戸大橋線)の開業により、特急「南風」が中村～岡山間で直通運転を開始した。

国鉄時代の中村駅。1970(昭和45)年10月1日に中村線の終着駅として開業した。この駅舎は、土佐くろしお鉄道となった今も改装の上、現役で使われている。◎1973(昭和48)年8月16日　撮影:安田就視

川奥信号所付近を走る国鉄時代の中村線のキハ58系急行「あしずり3号」。写真上のループ線上の左側で予土線と分岐している。
◎若井〜荷稲　1980(昭和55)年8月25日　撮影:安田就視

ループになったトンネルを抜けて中村に向かうキハ181系気動車特急「南風」。「南風」は、「せと」と同時に四国初の優等列車として1950(昭和25)年10月1日に登場した由緒ある愛称名で、1972(昭和47)年3月15日にキハ181系を投入して特急化された。◎若井〜荷稲　1980(昭和55)年8月25日　撮影:安田就視

中村線が全通した日の祝賀列車。高松行きの一番列車となった急行「あしずり2号」の出発式には、大勢の人々が見送りに駆けつけた。◎中村　1970(昭和45)年10月1日　提供:朝日新聞社

高知県の西端へ向かう
土佐くろしお鉄道宿毛線

とさくろしおてつどうすくもせん

路線DATA

区　間	宿毛～中村(23.6km)
駅　数	8駅
軌　間	1,067mm
動　力	全線非電化
全通年	1997(平成9)年10月1日

実は宇和島から南下する計画が中村からに

　宿毛線は、現在は特急「南風」が中村線・土讃線等を経由して、遠く岡山までの直通運転を行っているが、大正時代の改正鉄道敷設法別表103号の中では「宇和島ヲ経テ高知県中村ニ至ル鉄道」として宇和島から南に海岸線回りで宿毛を経由して中村に至る鉄道として考えられていた。しかし、他の四国各地のローカル線と同様に工事が始まることもなく戦後を迎える。

　契機となったのは、土讃線の延伸として1970(昭和45)年10月1日に窪川～中村間の中村線が全通してから。

　1972(昭和47)年10月24日に宿毛～中村間の工事実施計画が認可され、1974(昭和49)年2月1日に宿毛線として同区間が着工される。

　しかし、ここでも国鉄再建法が工事にストップをかける。1981(昭和56)年10月に工事は凍結され、高知県などが進めた土佐くろしお鉄道の発足を待つことになる。土佐くろしお鉄道は、1987(昭和62)年2月5日に宿毛線の地方鉄道業免許を取得し、同年3月12日から工事を再開する。

　途中、平成2(1990)年11月に導入した2000系振り子式特急気動車による時速110km運転を可能とするため、当初計画の時速100kmから高速化のために工事計画の変更等を行い、1997(平成9)年10月1日、最初の着工から23年を経て土佐くろしお鉄道宿毛線は開業した。

2000系気動車特急「あしずり」が、具同～中村間で四万十川を渡る。中村まで乗り入れていたJR四国の特急「南風」、「あしずり」、「しまんと」は、宿毛線の開業により宿毛まで乗り入れる列車ができた。なお、現在「しまんと」は中村までの乗り入れのみとなった。
◎2003(平成15)年10月7日　撮影:安田就視

有岡～国見の高架区間を走るTKT8000形気動車。TKT8000形は、国鉄分割民営化で、1987(昭和62)年4月1日にJR四国に引き継がれた中村線が、翌年4月1日に土佐くろしお鉄道へ転換された際、5両が新製された17メートル級ステンレス車体の普通用気動車。◎2003(平成15)年10月6日 撮影:安田就視

悲願の室戸岬を回る路線が実現へ

　大正時代の帝国議会で可決された「四国循環鉄道建設に関する建議」は、戦後になってようやく四国南部でも建設が進んだが、国鉄再建法の施行で頓挫する。

　その後、県や地元自治体が中心になって、第三セクター方式で工事区間の一部は開業に漕ぎ着けたが、室戸岬を回る路線は実現できないままとなった。

　そんな中、徳島県知事・飯泉嘉門が驚きの発表を行う。2017（平成29）年1月4日の年頭記者会見で「DMVの本格運行を実現するため、県予算を計上したい。」と述べたのだ。DMVは、Dual Mode Vehicleの略で、線路と道路の両方を走る車両のこと。実現すれば、世界初の公共交通事業となる。

　そもそも日本におけるDMVは、JR北海道が、ローカル線活性化のために試作車を開発し、ローカル地域の

道路走行を終えて浜小清水の切換ポイントに進入するDMV。
◎2007（平成19）年7月23日　撮影：野沢敬次

道路を回って集客の上、鉄道に切り換えて中核都市へ向かう構想だった。2007（平成19）年と2008（平成20）年には、釧網本線の藻琴～浜小清水間でお客を乗せた試験営業も行われ、その後、試作車は全国各地のローカル鉄道にも貸し出された。しかし、いずれも実現には至らずJR北海道は開発を断念する。

　徳島県は、「車両自体が観光資源」として、観光振興をメインに、鉄道と道路のシームレスな交通体系を実現することで防災面の強化も図れると考えた。

　四国八十八ヶ所の遍路道でも日和佐にある第23番札所薬王寺から室戸岬にある第24番札所最御崎寺までは、そのほとんどで国道55号をひたすら歩くだけとなるので、DMVは、近年増加の一途を辿る外国人お遍路にも朗報となると思われる。

　「阿佐東線DMV導入協議会」が2019（平成31）年1月28日に開催した第4回報告書によると、具体的には、牟岐線の阿波海南から阿佐海岸鉄道の甲浦までをDMVによる鉄道走行とし、甲浦からは道路を走行する予定で、バスモードの運行ルートは調整中とあるが、室戸岬を目指し、将来的には土佐くろしお鉄道の奈半利を結ぶものと思われる。

　甲浦は行き止まりの高架駅なのでアプローチする道路も建設中で、DMVは、マイクロバスを改造した車両3台を発注し、それぞれ青、緑、赤を基調にしたデザインも決まった。今後、阿波海南～海部間のJR四国からの譲渡や、施設整備、試験走行を重ねて、2020年度の営業運転開始を目指している。

知床連邦を背にエゾカンゾウの咲く原生花園を走る釧網本線のDMV。道路用のタイヤを上に上げて線路用の車輪を出している。
◎（臨）原生花園～北浜　2007（平成19）年7月22日　撮影：野沢敬次

3章
私鉄

・高松琴平電気鉄道 琴平線、長尾線、志度線
・伊予鉄道 高浜線、横河原線、郡中線、
　軌道線（城北線、本町線、城南線、大手町線、花園線）
・とさでん交通（旧・土佐電気鉄道）
・八栗ケーブル（四国ケーブル）

土佐電気鉄道の「維新号」。1905(明治38)年に製造された7型電車のレプリカとして1984(昭和59)年に復元された。
◎土佐電気鉄道伊野線　大橋通　1986(昭和61)年8月中旬　撮影:安田就視

3路線の中では本家筋
高松琴平電気鉄道琴平線

たかまつことひらでんきてつどうことひらせん

路線DATA	
区　間	高松築港～琴電琴平（32.9km）
駅　数	22駅
軌　間	1,435mm
動　力	直流1500V
全通年	1955（昭和30）年9月10日

社名のとおり高松と琴平を結ぶ幹線

　讃岐平野に3路線を広げる高松琴平電気鉄道は、元々は明治末から大正時代にかけて設立された3つの鉄道会社が、太平洋戦争真只中の1943（昭和18）年11月1日に国家主導で事業統合して生まれたもの。

　路面電車の流れを汲む長尾線が最も古く高松電気軌道として1909（明治42）年10月28日に設立、続いて志度線の東讃電気軌道（後に四国水力電気を経て讃岐電鉄）が1910（明治43）年5月1日に設立され、最後に琴平線の琴平電鉄（鉄道免許下付時は金刀比羅電鉄）が1924（大正13）年7月28日に設立された。

　この内、琴平電鉄は、地元資産家の大西虎之助らが、小林一三率いる阪神急行電鉄を倣って、当時地方鉄道では珍しかった高速鉄道としての規格で建設している。軌間は省線よりも広い1,435mm、架線電圧も主流だった600Vではなく1,500Vとし、車両は半鋼製ボギー車を導入して高速運転に備えた。

　琴平電鉄のルートは、高松から琴平までこんぴら五街道の一つ高松街道沿いに建設する予定だったが、高松藩主の菩提寺・法然寺がある仏生山地区から強力な誘致活動を受けた。このため路線は街道を外れて高松から真っ直ぐに仏生山まで南下し、その後、高松街道沿いに琴平を目指すこととなった。

　1926（大正15）年12月21日に高松側の栗林公園から、菅原道真の赴任地に創建された滝宮天満宮の近くの滝宮までを開業したのを皮切りに、1927（昭和2）年3月15日には、滝宮～琴平（現・琴電琴平）間を開業し、高松市内も延伸して同年4月22日に　高松（琴電高松を経て瓦町）～栗林公園間を開業し、全通した。

　戦後になって、空襲で壊滅した市内線の代替ルートとして築港線が1948（昭和23）年2月18日に片原町～琴電高松間、同年12月26日に築港（仮駅）～片原町間で開業し、翌年5月11日には全区間が複線化された。1955（昭和30）年9月10日に築港（仮駅）は、さらに約200m高松港寄りに移転して高松築港となった。

　この築港線は、志度線との相互乗り入れのため1953（昭和28）年10月20日に下り線の架線電圧を600Vに降圧して、複線から単線並列となったが、1966（昭和41）年8月2日に再び旧下り線を1,500Vに昇圧して、1967（昭和42）年5月21日に単線並列から複線に戻されて、琴平線に編入された。

畑田～陶間を走る1020形1033号と1034号。元は名古屋鉄道の2代目3700系で、8編成16両が在籍した。奇数番号が制御電動車、偶数番号が制御車。◎1980（昭和55）年8月24日　撮影：安田就視

琴電琴平に停まる6000形電車620号。戦前の鉄道省の木造電車で、当時流行のダブルルーフの屋根を持ち、戦後、琴電にやって来た。
◎1960(昭和35)年3月9日 撮影:荻原二郎

8000形810号を先頭にして羽間〜榎井間で土器川を渡る。8000形は、戦時中に国有化された豊川鉄道(現・飯田線の一部)の車両。
◎1980(昭和55)年8月24日 撮影:安田就視

遠くに讃岐富士の別名を持つ飯野山を望む琴平町内と琴電琴平駅。1927(昭和2)年3月15日に開業し、鳥居の横にある立派な駅ビルが造られたが、1988(昭和63)年5月26日に寺社風の駅舎に建て替えられた。◎1973(昭和48)年8月19日 撮影:安田就視

長尾寺への参詣鉄道
高松琴平電気鉄道長尾線

たかまつことひらでんきてつどうながおせん

路線DATA
区　　間	瓦町～長尾(14.6km)
駅　数	16駅
軌　間	1,435mm
動　力	直流1500V
全通年	1912(明治45)年4月30日

電力会社の社長が興した路面電車

　長尾線は、四国初の電力会社・高松電灯の社長で政治家でもあった北村荀吉が、高松から四国八十八ヶ所霊場第87番札所の長尾寺までの軌道特許を1907(明治40)年5月30日に取得し、1909(明治42)年10月28日に高松電気軌道として会社を設立した。

　会社の設立は、志度線の東讃電気軌道よりも早かったが開業は遅れること約5ヶ月後の1912(明治45)年4月30日となった。出晴(現・瓦町付近)～長尾間を軌間は官営と同じ1,067mm、架線電圧は600Vで、電動客車5両、電動貨車1両を保有して、6時～21時の時間帯に30分間隔の多頻度で運転を始めた。

　同年7月25日には、長尾線を白鳥本町まで延長するため軌道特許を下付され、用地買収も始めた。しかし、残念ながら、1916(大正5)年4月24日に同区間の特許は失効し、計画は撤回された。

　その後も経営は安定せず昭和に入ると合理化のため、1934(昭和9)年5月31日には、林道(戦後、復活)、東前田、妙徳寺の3駅を廃止している。

　そして、前述のとおり戦時下の1943(昭和18)年11月1日に讃岐電鉄、琴平電鉄、高松電気軌道が合併して高松琴平電気鉄道が誕生し、同社の長尾線となった。

　統合された新会社は、戦時中にも関わらず早速、讃岐電鉄から引き継いだ市内線の軌間1,435mmと異なる長尾線の改軌と接続工事に取り掛かる。

　1945(昭和20)年6月20日に長尾線を瓦町まで延伸して瓦町～高田間を標準軌間(1,435mm)に改軌し、同年6月26日には高田～長尾間の工事も完了、全線を1,435mmに改軌して市内線への乗り入れを開始した。

　ところが、その直後の同年7月4日午前2時56分～4時42分の106分間、高松市内に100機を超えるB29爆撃機から大量の高性能爆弾と焼夷弾が投下される。

　高松市内は火の海となり、後に「高松空襲」と呼ばれたこの戦災で市街地の約80%が被害を受け、市内線も全線で不通となった。

　長尾線の線路や施設の被害は軽微だったが、貨物電車が焼失して貨物輸送ができなくなり、出晴駅も焼失したため7月30日に廃止して、瓦町駅は琴平線の琴電高松駅(現・瓦町駅)に統合された。

　戦後、1951(昭和26)年12月26日から琴電高松～花園信号場間のルートを変更して、志度線との直通運転ができるようにすると共に花園信号場は1954(昭和29)年8月1日に駅に昇格、隣の御坊川を廃止した。この年の1月1日には琴電高松も瓦町と改称している。

　1976(昭和51)年12月23日には、全線の架線電圧を600Vから1,500Vに昇圧して輸送力の強化を図り、1994(平成6)年6月26日からは、瓦町駅の改良工事で乗り入れ線が分断された志度線に代わって、高松築港への直通運転を開始した。この瓦町駅舎は、1996(平成8)年12月21日に竣工している。

瓦町に停まる長尾線平木行きの60形66号電車。66号は元・京浜急行電鉄のデハ113号で、戦前の京浜電気鉄道時代に製造された木造車体の両運転台600V対応車。
◎1962(昭和37)年10月27日　撮影:荻原二郎

長尾に停まる2代目となる30形電車。元・阪神電気鉄道の小型車両881形で、1964(昭和39)年から16両が譲渡された。前面扉の形状から「喫茶店」の愛称で親しまれたが、長尾線の1500V昇圧で淘汰された。1973(昭和48)年8月18日　撮影:安田就視

白山〜平木間を走る3代目の30形電車。元・京浜急行電鉄の230形で、1977(昭和52)年から入線し長尾線などで活躍したが、2007(平成19)年に引退した。後ろの山は、駅名にも使われた白山で、この山は東讃富士とも呼ばれている。◎1990(平成2)年5月29日　撮影:安田就視

農学部前〜池戸間を走る30形(3代目)電車。農学部前は長尾線の開業時に田中道として開駅したが、県立農科大学が設置されて農大前となり、同大学が香川大学農学部となったので農学部前となった出世駅。◎1990(平成2)年5月29日　撮影:安田就視

農学部前〜池戸間を走る600形電車。600形は、名古屋市営地下鉄からの改造車で、中間車に運転台を付けて先頭車にし、パンタグラフ集電や冷房化をして1998(平成10)年に営業運転に入った。◎撮影:安田就視

60形65号を先頭に元山〜水田間を走る。60形は、元々は大正時代に京浜電気鉄道(現・京浜急行電鉄)が製造した。当時車体は木造で、両運転台の電動客車だったが、戦後、改造され、65号は車体も新製されたので、外観は同時期に新製された1010形に似ている。
◎1980(昭和55)年8月24日　撮影:安田就視

高松から海沿いに志度へ
高松琴平電気鉄道志度線

たかまつことひらでんきてつどうしどせん

路線DATA
区　　間	瓦町～琴電志度(12.5km)
駅　　数	16駅
軌　　間	1,435mm
動　　力	直流1500V
全通年	1911(明治44)年11月18日

創業期から混乱し電力会社が救済する

　前述のとおり高松琴平電気鉄道の路線の中で最初に開業した志度線は、高松から讃岐街道沿いに東進して四国八十八ヶ所霊場第86番札所の志度寺までを繋いでいる。

　路面電車の東讃電気軌道が、今橋(高松市内)に車両基地や火力発電所を建設し、そこから志度(現・琴電志度)までを1911(明治44)年11月18日に開業したのが始まりとなる。高松市内は道路幅が狭く専用軌道となったが、軌間1,435mm、架線電圧600Vで朝5時～深夜23時までを12分間隔で運行した。

　しかし、開業2ヶ月後の翌年1月20日に会計担当の中野壽吉取締役が変死し、熊谷少閏専務が容疑者として逮捕され、同年5月17日には役員全員が交代するなど経営は混乱した。ストも多発して営業成績は振るわず、開業前に取得していた志度から津田町までの延伸など計5路線の免許は、全て取消・失効している。

　1912(大正元)年9月1日からは、架線を利用して志度町内などへ電気の供給も開始する。ところが、同年9月22日～23日にかけて、台風による暴風雨で河川が氾濫、高潮も発生して沿線は大打撃を受ける。復旧したのは、同年10月12日だった。

　集客のため1913(大正2)年10月15日からは今橋～出晴間を延伸して高松電気軌道の出晴と接続し、栗林公園のある公園前までも1915(大正4)年4月22日に延伸させた。

　そして、電力事業は四国水力電気へ売却して、同社から安い水力発電の電力供給を受けるようにする。しかし、東讃電気軌道の業績は振るわず、1916(大正5)年12月25日付で四国水力電気に救済合併された。

　戦時下に四国水力電気は、事業を2つに分割されて解散する。1942(昭和17)年4月30日、配電部門は、高松電気軌道と琴平電鉄の配電部門を合わせて四国配電が設立され、鉄道部門は、新たに設立された讃岐電鉄に移管された。

　さらに1943(昭和18)年11月1日には、陸上交通事業調整法に基づき、讃岐電鉄、琴平電鉄、高松電気軌道が合併して、高松琴平電気鉄道が誕生した。

　讃岐電鉄だった路線の内、公園前～琴電志度(元・志度)間が志度線となる。この内、八栗～琴電志度間は、並行して高徳本線が開通していたため、1945(昭和20)年1月26日に不要不急線に指定されて休止となり、資材は長尾線の改軌工事に供出された。

　長尾線と同様に同年7月4日未明の高松空襲で公園前～出晴間が被災して、焼失した出晴は7月30日に廃止、隣の瓦町を琴平線の琴電高松に統合した。

　戦後、1949(昭和24)年10月9日に休止していた八栗～琴電志度間が復旧して、1953(昭和28)年10月20日からは、瓦町でスイッチバックして琴平線の築港(仮駅、現・高松築港)までの直通運転を開始、宇高連絡船に接続できるようにした。

　1957(昭和32)年8月15日には、高松空襲により休止していた公園前～瓦町間が正式に廃止された。一方、全線の架線電圧は、1966(昭和41)年8月2日に600Vから1,500Vに昇圧されている。

　長尾線の項でも触れたとおり1994(平成6)年6月26日に瓦町駅の改良工事に伴い志度線は、瓦町で行き止まりとなり高松築港への直通運転は終了し、現在の姿となった。

3代目となる30形電車が房前～塩屋間を走る。30形は元・京浜急行電鉄の230形で、昭和初期に製造され1977(昭和52)年から琴電にやって来た。志度線・長尾線の主力として活躍したが、2007(平成19)年に全廃した。◎1980(昭和55)年8月24日　撮影:安田就視

3000形電車345号を先頭に塩屋〜房前間を走る。3000形は、琴平電鉄が1926(大正15)年12月21日の開業時に新製導入した。◎1980(昭和55)年8月24日　撮影:安田就視

瓦町に停まる志度線八栗行の50形55号。50形は、昭和初期に路面電車規格で、大阪の梅鉢鉄工所(後に帝國車輛工業)が製造した半鋼製ボギー車。戸袋の窓は丸窓が採用され、トロリーポールでの集電だったが、最終的には写真のパンタグラフに改良された。◎1960(昭和35)年3月9日 撮影:荻原二郎

春日川～潟元間を走る3代目となる20形23号電車。20形は、1925(大正14)年に川崎造船所で製造され、大阪鉄道(現・近鉄南大阪線)で使われていた両運転台の制御電動客車。この23号は、今も日本最古の現役電車として保存運転されている。◎1980(昭和55)年8月24日　撮影:安田就視

四国初の鉄道は松山から港町へ

伊予鉄道高浜線

いよてつどうたかはません

路線DATA

区　　間	高浜〜松山市（9.4km）
駅　　数	10駅
軌　　間	1,067mm
動　　力	直流600V
全通年	1892（明治25）年5月1日

小さな「坊ちゃん列車」は松山に革命を齎（もたら）す

　四国の中心都市、松山では整備の遅れた官営鉄道に代わって明治中期に地元有力者が次々と鉄道会社を立ち上げ、それらが合併・廃止して今日の伊予鉄道を築き上げた。中でも高浜線は、四国最初の鉄道、そして日本初の軽便鉄道として始まっている。

　第五十二国立銀行（現・伊予銀行）の創立者で頭取の小林信近（のぶちか）が中心となって1885（明治18）年6月1日に松山鉄道が出願され、1887（明治20）年9月14日に社名を伊予鉄道（初代）と変えて設立された。当時、阪神方面への貨物輸送は三津浜港から船便で出荷したが、港までの道路事情が悪く、船賃よりも陸上輸送費が高額となっていたため、鉄道により松山市内と港を結ぶことが計画されたのである。

　まだ、軽便鉄道という名称もなく軌間762mmの鉄道は「小鉄道」として出願され特許状が下付された。

　1888（明治21）年10月28日に三津〜松山（現・松山市）間が開業し、ドイツ・クラウス社製のB型タンク式SL（甲1形）が、木造の小型客車を牽いて行き来した。

　1895（明治28）年に中学教師として赴任した夏目漱石が小説「坊ちゃん」の中で「マッチ箱のような汽車」と描いた鉄道の始まりである。

　小林信近（のぶちか）の狙いは、遠浅で大型船が着岸できなかった三津浜港ではなくその先、天然の良港、高浜にあった。1886（明治19）年9月には、高浜港の築港を発起しており、伊予鉄道が開業して好業績を上げるとその勢いで三津浜町の反対を押し切って、1892（明治25）年5月1日に三津〜高浜（初代）間を延伸させる。同年9月には高浜桟橋会社を設立して、1889年（明治22）年に開港の広島・宇品港との連絡航路を誘致した。

　そして、1903（明治36）年3月16日からは、大阪商船が運行する高浜港〜宇品港の航路に山陽鉄道との接続を加えて、松山から関西や九州方面への連絡ルートが完成する。

高浜駅前から見える高浜港。昭和初期に建てられたレトロな木造駅舎は健在だが、本州への連絡航路は、松山観光港に譲っている。
◎1990（平成2）年6月9日　撮影：安田就視

　一方、顧客を奪われた三津浜町は、新たに三津浜と松山市内を結ぶ鉄道を計画し、1907（明治40）年3月31日に松山電気軌道を設立することとなる。

　伊予鉄道と松山電気軌道は、激しく対立するが、やがて松山電気軌道が伊予鉄道に併合される。

　その後、官設の讃予線（現・予讃線）が松山市内まで延伸して来ると、伊予鉄道は、1931（昭和6）年5月1日に松山市〜高浜間の全線を1,067mmの軌間に改軌すると共に750Vで電化し、同年7月8日には全線の複線化も完了した。松山市〜高浜間を21分で結び、高浜からは、連絡船が広島県の宇品や尾道へと結んだ。伊予鉄道の創業路線であり主要幹線として三津高浜線（現・高浜線）は活躍する。

　しかし、この複線は、戦時中の1945（昭和20）年2月21日になると、当時、突貫工事で建設が進められていた予讃本線八幡浜〜宇和島間の建設資材に転用するため全区間が再び単線に戻されることになる。

　戦後になって、梅津寺〜三津間が1952（昭和27）年2月1日に再び複線に戻されたのを皮切りに工事が行われ、順次複線に戻されたが、1964（昭和39）年7月16日の三津〜衣山間の再複線化をもって工事は終了し、梅津寺〜高浜間は単線のままとなった。1998（平成10）年7月18日には、市街地の衣山〜古町間の高架工事も完成している。

梅津寺付近を走るモハ200形203号電車。伊予鉄道は、梅津寺に隣接してこの遊園地を開業し、戦後も梅津寺パークとして営業していた。残念ながら2009(平成21)年3月15日で閉園し、梅津寺公園となっている。◎1984(昭和59)年3月　撮影:安田就視

大手町付近で、高浜線の700系電車が、路面電車の大手前線を横切る。全国的にも珍しいダイヤモンドクロッシングで、左手に人が並んでいるのが大手町駅前停留場、右奥に見えるのが松山城内にあるNHK松山放送局の電波塔。◎1990(平成2)年6月9日　撮影:安田就視

港山〜梅津寺間を走る700系電車。700系は、元・京王帝都電鉄5000系で、1987(昭和62)年から1994(平成6)年にかけて導入され、軌間が異なるため台車や車軸を交換して対応した。
◎1990(平成2)年6月9日　撮影：安田就視

重信川の上流、横河原へ
伊予鉄道横河原線

いよてつどうよこがわらせん

路線DATA
区　　間	松山市～横河原（13.2km）
駅　　数	15駅
軌　　間	1,067mm
動　　力	直流750V
全通年	1899（明治32）年10月4日

高浜で成功し延伸を計画するも紆余曲折

　現在の高浜線が全通すると伊予鉄道は、地元から強い要望のあった松山平野東部の久米地方への延伸を計画する。しかし、株主の一部は、「利益が見込めない」として猛反対し、結局、「損益勘定を開業区間（第一区）と延伸区間（第二区）で明確に区分して、延伸区間の損失は開業区間の収益で補填しない」という後に同社の社長となった井上要が曰く「珍無類の名案」で延伸が決まった。

　当時、法律の整備もまだ途上でこのような決議も可能だった。残念ながら当てにしていた久米地方からの出資は叶わなかったが、1893（明治26）年5月7日に外側（現・松山市）～平井河原（現・平井）間が開業した。当然、営業成績は芳しくなく結局、「珍無類の名案」は、協議の末、第一区の株主にのみ割り当て増資を行うことで解消された。これも当時ならではの解決策だった。

　その後も工事資金の調達に苦しみながらも1899（明治32）年10月4日には、横河原まで延伸し、全通する。

終戦直後の松山市駅に入る横河原線の混合列車。1901（明治34）年ドイツ・クラウス社製の甲5形12号SLが、丙7形ニ21号三等緩急車などの2軸客車を牽引する。◎提供：朝日新聞社

　高浜線が改軌されると貨車を直通させるために横河原線も1931（昭和6）年10月6日に全線の軌間を762mmから1,067mmに改軌した。しかし、車両や施設は、改軌に合わせて改良されただけで戦後もクラウス社製の甲1形SLが小さな客車を牽引していた。

　戦後、敗戦した国内では石炭価格が高騰し、経費削減のため、1954（昭和29）年2月1日にディーゼル機関車が導入されたが、横河原線の電化は遅く高度経済成長が始まってからとなる。まず松山市～平井間が1967（昭和42）年6月10日に750Vで電化し、続いて平井～横河原間が同年10月1日に電化して完了した。

見奈良～田窪間を走る700系電車。見奈良は、全通後の1938（昭和13）年9月4日に新設されたが、愛大医学部南口の開業に合わせて、1981（昭和56）年7月20日に現在地へ移転した。◎1990（平成2）年6月9日　撮影：安田就視

横河原に停まる130系電車。横河原には愛媛大学の医学部や附属病院が誘致され、隣駅の見奈良との間に1981（昭和56）年8月10日、新駅・愛大医学部南口が開業する。◎1973（昭和48）年8月15日　撮影：安田就視

700系電車が、牛渕〜牛渕団地前間で国道11号の下を通る。牛渕は、1899(明治32)年10月4日の横河原延伸時に田窪として開業した。本来の田窪地区は離れていたので、戦後、1966(昭和41)年11月1日に改称し、翌年1月1日に新たに田窪駅が設置された。
◎1990(平成2)年6月9日　撮影:安田就視

モハ300形303号を先頭に松山市〜石手川公園間を走る。モハ300形は、1950(昭和25)年に14m車として新製されたが、1961(昭和36)年に19mの片側3枚扉車に改造し、朝夕のラッシュ時の乗降に対応した。◎1984(昭和59)年3月　撮影:安田就視

南予鉄道として始まる
伊予鉄道郡中線

いよてつどうぐんちゅうせん

路線DATA
区　間	松山市～郡中港(11.3km)
駅　数	12駅
軌　間	1,067mm
動　力	直流750V
全通年	1939(昭和14)年5月410日

伊予鉄道主導で松山の鉄道網は集約される

　伊予鉄道は、軽便鉄道という新しい規格で鉄道建設を行い、それが成功すると新たに新線の建設を計画する。

　1890(明治23)年には、高浜港への延伸の次は郡中港へ向かう計画を立て測量も行ったが、沿線有力者からの出資は断られ、また重信川への架橋工事もネックとなり、前述のとおり久米地方へ延伸したため、郡中港への延伸は叶わなかった。

　このため伊予郡の郡中銀行（後に第五十二国立銀行へ吸収合併）創立者である宮内治三郎ら有志24人がこの伊予鉄道による計画や測量結果を引き継いで、1894(明治27)年1月4日に松山～郡中間の鉄道敷設認可を受け、南予鉄道を設立した。

　同年4月に着工したが、南予鉄道も建設資金の調達に苦しんだ末、大阪の第七十九銀行頭取の古畑寅造からの出資を仰ぐようになる。1895(明治28)年12月には古畑寅造が社長になって実権を握った。そして、重信川への架橋も完成し、1896(明治29)年7月4日に藤原（現・松山市）～郡中間が軌間762mmと伊予鉄道と同じ規格で開業した。

　また、工事中の1895(明治28)年12月の臨時株主総会では、郡中から内子、大洲を通り八幡浜までの延伸も決議している。この仮免状が開業後の1897(明治30)年2月に下付されると早速ルートの測量を開始し、翌年上半期には終了した。しかし、開業区間の数倍となる長距離の鉄道を建設する莫大な資金を調達できず、1900(明治33)年5月に免許は失効している。

　南予鉄道の業績は順調だったが、松山周辺では伊予鉄道、南予鉄道、道後鉄道の3社が覇権を争う状態となり、乗り継ぎを行う乗客にとっては不便であった。

　このため、当時、伊予鉄道の監査役だった井上要が、道後鉄道と南予鉄道の社長となった古畑寅造に働きかけて、3社を統合し松山市内の鉄道網を効率化することを画策

700系が岡田～古泉間の郊外区間を走る。南予鉄道が郡中まで開業した時には、両駅はまだ開設されておらず、岡田は1910(明治43)年7月18日に、小泉は戦後の1967(昭和42)年3月9日になって開設された。◎1990(平成2)年6月9日　撮影:安田就視

する。1899(明治32)年11月には、古畑寅造が小林信近に代わって伊予鉄道の社長にも就任し、井上要も伊予鉄道の専務取締役に就いた。

　そして、翌年2月15日に3社共に大阪で開かれた株主総会において、伊予鉄道が南予鉄道と道後鉄道を買取して統合することが決議された。

　1900(明治33)年5月1日に新しい伊予鉄道が発足し、南予鉄道の路線は郡中線となり、起点の藤原は、外側（現・松山市）駅に統合された。なお、古畑寅造は、1901(明治34)年4月16日に発生した恐慌による第七十九銀行の破綻により社長を辞任し、後任には井上要が就いた。

　高浜線と横河原線は、貨物列車の直通のため1931(昭和6)年に1,067mmに改軌されたが、郡中線は、郡中港から貨物を陸揚げしており改軌が遅れ、1937(昭和12)年7月22日になって、全線の軌間を762mmから1,067mmにした。

　官営の讃予線（現・予讃線）が、1930(昭和5)年2月27日に松山～南郡中（現・伊予市）間を開業すると郡中線の強力なライバルとなったが、1939(昭和14)年5月10日には、郡中～郡中港間を延伸して対抗した。

　戦後、石炭価格の高騰で非電化区間の多い伊予鉄道は、輸送量の多い郡中線の電化を決め、1950(昭和25)年5月10日に松山市～郡中港間を600Vで電化し、1976(昭和51)年3月25日には、750Vへ昇圧した。

郡中港駅の売店では、グリコのポンポップ、不二家のミルキーなどの菓子やスポーツ新聞に加えて、当時流行っていたチャンバラごっこ用のおもちゃの刀も売っていた。ロッテのガムは当時30円だった。◎1973(昭和48)年8月15日　撮影:安田就視

松前～古泉間の田園地帯を走る130系電車。先頭車の130形135号は、戦前に小田原急行鉄道(現・小田急電鉄)が新製導入し、その後、関東の鉄道会社を経て伊予鉄道に譲渡された。◎1980(昭和55)年8月25日　撮影:安田就視

伊予鉄道のライバル登場

伊予鉄道軌道線
（道後鉄道、松山電気軌道、伊予電気時代）

松山市内の鉄道網は、競合の末、整備される

　伊予鉄道の軌道線は、明治時代に開業した道後鉄道や松山電気軌道の路線と昭和初期に伊予鉄道（伊予鉄道電気時代を含む）が開通した路線などから成るが、そのルートは変更・改廃を重ね複雑な歴史を持っている。

　この内、道後鉄道は、地元の有志、伊佐庭如矢、村瀬正敬ら12名が道後温泉への旅客輸送を目的に設立した鉄道で、1892（明治25）年11月16日に逓信大臣へ「松山道後古町間軽便鉄道布設請願書」を提出し、翌年4月8日に仮免状の下付を受けて、同年9月14日に設立された。1894（明治27）年1月24日には鉄道免許状が南予鉄道と同時に下付されて、道後温泉のある道後から中心街の一番町（現・大街道）間と道後から西進して伊予鉄道古町に接続する三津口（現・古町）間を1895（明治28）年8月22日に開業した。

　軌間は762mmで伊予鉄道と同様に小型SLが木造客車を牽引した。夏目漱石はこの道後鉄道にも乗車したと思われるが、温泉客相手の商売は伊予鉄道のような港と松山を結ぶ巨大ビジネスとはならず開業後の株価は低迷し、経営基盤を安定化するために行った増資の大半は第七十九銀行頭取の古畑寅造に流れた。

　1896（明治29）年9月29日には、古畑寅造が社長に就任して、前述のとおり伊予鉄道への事業譲渡の道筋ができる。

　道後鉄道は、1900（明治33）年5月1日に伊予鉄道に買収されて道後線（後に古町線）となり、1911（明治44）年8月8日には、軌間を1,067mmに改軌の上、電化する。これは、翌月に開業する伊予鉄道に顧客を奪われた三津浜町民らが設立した松山電気軌道を迎え撃つためだった。

　その後、1916年（大正5）年12月31日に伊予鉄道は、伊予水力電気を合併して伊予鉄道電気となり、激しく対立した松山電気軌道も1921（大正10）年4月1日には吸収合併する。

　当時、鉄道省が進める讃岐線（現・予讃線）の松山への延伸工事は、まだ新居浜付近で行われており、松山周辺の鉄道網は伊予鉄道電気の天下となった。

　このため、伊予鉄道電気は、松山市内の路線網を改廃して効率化を進めた。まず、1923（大正12）年6月30日に松山電気軌道だった路線の全線を伊予鉄道電気と同じ1,067mmに改軌した。そして、松山電気軌道の獲得により重複区間となった既存の道後鉄道から買収した路線の内、道後～一番町間は廃止して、松山電気軌道だった同じ区間を城南線とし、1926（大正15）年5月2日に道後～一番町（現・大街道）間は、一部新しく軌道を敷設して複線化する。

　1927（昭和2）年4月3日には、同日にようやく松山に達した鉄道省の讃予線（現・予讃線）松山開業に合わせて、市内の軌道線は再び大きく改良される。国鉄前（現・松山駅前）を新設して、西堀端と古町からそれぞれ連絡線を接続し、国鉄前から西堀端間は大手町線、古町へは、松山駅連絡線となり、大手町線には、高浜線に新設した江戸町（現・大手町）と接続する江戸町駅前（現・大手町駅前）も開業した。

　また、城北線として木屋町～一万（現・上一万）間が開業し、道後鉄道だった古町線の古町～木屋町間を城北線に編入した。これら全てを省線・松山駅の開業日に実施したのである。伊予鉄道電気にとって、正に大変革を成し遂げた日であった。

　その後、同年4月15日に道後鉄道の路線だった木屋町～千秋寺前～道後間は、ひっそりと廃止される。

夕立に濡れる道後温泉駅。右側の路線バスは、日赤前・大街道経由で松山駅に向かう伊予鉄道のバス（現・伊予鉄バス）。◎1973（昭和48）年8月15日　撮影：安田就視

花園線の松山市駅前停留場付近で行き違うモハ2000形電車。駅ビルに入る百貨店そごうは、ご存知のとおり経営破綻して、現在は、いよてつ高島屋が入居している。◎1990(平成2)年6月9日 撮影:安田就視

城北線の古町に停まるモハ2000形電車(左)とモハ50形78号電車(右)。モハ50形は、製造時期で3つに分かれ、78号がラストナンバー。◎1984(昭和59)年3月22日 撮影:安田就視

城南線の市役所前付近を走る「坊ちゃん列車」。明治時代から戦後まで活躍した甲1形SLをモデルにしたディーゼル機関車で、2001(平成13)年10月12日から運行を開始した。◎2003(平成15)年11月19日 撮影:安田就視

城南線の県庁前〜市役所前間で、モハ2000形電車が、同じ伊予鉄道(現・伊予鉄バス)の路線バスと行き違う。モハ2000形は、京都市電が最後に新製した車両で、1979(昭和54)〜1980(昭和55)年に5両購入された。背後の重厚な建物は、愛媛県庁舎(本館)で、1929(昭和4)年に完成した。
◎1990(平成2)年6月9日　撮影:安田就視

（城北線、城南線、本町線、大手町線、花園線）

※城北線は法令上、鉄道線

路線DATA

現有路線	城南線（3.6km）、本町線（1.5km）、大手町線（1.4km）、花園線（0.4km）
軌間	1,067mm
動力	直流600V
開業年	1911（明治44）年9月1日

戦災で壊滅的な打撃を受けるが素早く復興

　松山周辺に一大鉄道網を築いた伊予鉄道電気も戦時下の影響を大きく受ける。政府の電力統制により、伊予鉄道電気の電力事業は、1942（昭和17）年4月1日に四国配電（現・四国電力）へ譲渡され、鉄軌道事業は、二代目となる伊予鉄道に譲渡して会社は解散した。

　そして、悲劇が起こる。終戦間近の1945（昭和20）年7月26日23:30頃から27日未明にかけて、アメリカの戦略爆撃機B29の編隊が、松山市の周辺から中心部にかけて焼夷弾896トンを投下した。市街地は火の海となり、死者251名、行方不明8名の犠牲者を出し、伊予鉄道も本社や松山市駅舎、車庫等を焼失し、市内線の車両も9両失った。

　懸命な復旧作業で翌日の7月27日には、被害の少なかった高浜線、郡中線、横河原線および森松線が、一部を除き運転を再開し、8月20日には城北線、9月8日からは城南線も運行を再開した。しかし、被害の大きかった本町線の西堀端～札ノ辻（現・本町三丁目）間や萱町（廃止）～古町間などは不通のままとなった。

　西堀端～札ノ辻間は、1948年（昭和23）年7月1日に本町（現・本町四丁目）へ延伸した際に復旧したが、萱町～古町間は同日に廃止された。前年の3月25日には、花園線として南堀端～松山市駅前間が開業し、松山市発着の郡中線等の郊外線との接続を果たした。

　1962（昭和）37年2月1日に本町線が本町七丁目（現・本町六丁目）まで北上し、城北線と接続して現在の路線網が完成する。そして、1969（昭和44）年12月1日からは、大手町線、城南線、城北線を使った環状運転が始まった。

JR松山駅の前を走る大手町線のモハ50形電車。JR松山駅舎は、2000（平成12）年11月21日に改装されて、三角屋根が新設されたが、現在、2024年度の完了を目指して「JR松山駅付近連続立体交差事業」が進行中。◎1990（平成2）年6月9日　撮影：安田就視

松山城を背景に行き違う50形電車の63号(左)と78号(右)。画面中央が城南線の市役所前で、この区間は、伊予鉄道のライバルだった松山電気軌道が、1911(明治44)年9月1日に開業させた。◎1972(昭和47)年9月19日　撮影:安田就視

高知の鉄道網も民間から
とさでん交通（旧・土佐電気鉄道）

とさでんこうつう

路線DATA

現有路線	伊野線（11.2km）、後免線（10.9km）、桟橋線（3.2km）
軌間	1,067mm
動力	直流600V
開業年	1904（明治37）年5月2日

後免町に停まる200形221号電車。右奥は安芸線に繋がる。
◎1972（昭和47）年9月20日　撮影：安田就視

高知に文明開化を齎した偉人が鉄道も敷設

　とさでん交通は、実質的に債務超過となっていた土佐電気鉄道と高知県交通を救済するため、高知県や沿線自治体が100％出資して2014（平成26）年10月1日に設立された公営企業だが、ここでは土佐電気鉄道が行って来た鉄軌道事業について紹介する。

　1892年（明治25）年6月公布の鉄道敷設法には、琴平〜高知〜須崎間の路線が掲載されたが、明治政府に建設する資力は無かったことから、高知近代産業の創始者である二代目川崎幾三郎が立ち上がる。まず、1898（明治31）年1月29日に土佐電灯を設立し、同年4月11日から配電事業を開始、高知市内に初めて電気が灯った。

　川崎幾三郎は、この電力を使った交通網の整備が産業発展の礎になると考え、1903（明治36）年7月8日に土佐電気鉄道を創立する。県外との旅客や貨物の出入口だった浦戸港に桟橋を設置して市内への軌道を敷設、市内からは、さらに東西に延伸する計画だった。

　1904（明治37）年5月2日に桟橋（現・桟橋車庫前）〜梅ノ辻間と鏡川対岸の堀詰〜乗出（現・グランド通）間が、軌間1,067mm、600Vで開業する。堀詰〜梅ノ辻間は、鏡川への架橋工事で遅れたが、1906（明治39）年4月6日に開通し、桟橋〜梅ノ辻間が桟橋線となった。

　その後、土佐電気鉄道は、吉井源太が開発した極薄の和紙・典具帖紙の産地、伊野へ軌道を伸ばす。当時、典具帖紙はタイプライター用として盛んに欧米へ輸出されており、吉井源太自身も鉄道誘致運動をしていた。

　1906（明治39）年10月9日の乗出〜鏡川橋間の開業を皮切りに順次部分開通し、1907（明治40）年11月7日に枝川〜伊野間が開業して伊野線は全通した。

　そして、今度は東進する。しかし、この頃になると肝心の電力が不足がちとなる。そこで目を付けたのが、1900（明治33）年7月に貫通した甫喜ヶ峰疎水だった。この疎水は、徳島県へ流れる吉野川水系の穴内川の水をトンネル掘削で高知側の新改川に流すという大事業だった。

　川崎幾三郎は、ここに発電所を建設することを提案し、高知県知事の宗像政が英断して建設が決まると土佐電気鉄道も建設費の一部を寄付し、1909（明治42）年2月に県内初の水力発電所が完成した。土佐電気鉄道も変電所を設けて同年3月から受電を始める。

　電力確保の目途がつくと軌道の敷設を開始する。1908（明治41）年10月31日に堀詰〜播磨屋橋（現・はりまや橋）〜下知（現・宝永町）間の開業から始まり、部分延伸を続けて、1911（明治44）年5月14日に後免町（現・後免東町）まで開業した。同年8月22日には、途中の新地通（現・知寄町二丁目）から分岐して、船着場や遊郭のあった新地（後の若松町）までの新地線も開業している。

　その後、高知鉄道（安芸線を経て廃止）の開業を受けて、1925（大正14）年2月21日に後免東町通（現・後免東町）〜後免町駅前（現・後免町）間を開業して後免線も全通する。

　高知鉄道へは、1930（昭和5）年5月30日から後免町構内へ乗り入れて、乗客の利便性を高めている。

　一方、鉄道省の高知線（現・土讃線）が須崎から高知まで開通すると1928年（昭和3）年2月16日に播磨屋橋〜高知駅前間を複線で開業して省線・高知線と接続し、同年8月10日には梅ノ辻〜堀詰間を前年に架け替えられた潮江橋を渡る新線に切り換えた。

　川崎幾三郎が66歳で1921（大正10）年11月10日に亡くなると翌年8月1日に彼が手掛けた土佐電気鉄道と土佐水力電気は合併して土佐電気（二代目）となる。

　その後、戦中戦後にかけて、土佐電気は土佐交通→南海鍛圧機→土佐電気鉄道（二代目）と社名を替え、冒頭紹介の通り2014（平成26）年10月1日、とさでん交通となった。

伊野線の八代通停留場で、行き違う600形622号(右)と同形628号電車。600形は、1957(昭和32)〜1964(昭和39)年に計31両が新造された。621号までは半鋼製だったが、622号以降は全鋼製車体になった。◎1972(昭和47)年9月20日　撮影:安田就視

はりまや橋停留場の150形159号。よさこい節で唄われた「土佐の高知のはりまや橋」は赤い橋が復元されたが、小さすぎてガッカリ観光地として有名。ここで東西に走る後免線・伊野線と南北に走る桟橋線が平面交差する。◎1963(昭和38)年3月4日　撮影:荻原二郎

伊野線の堀詰～はりまや橋間を走る800形802号電車。800形は、元は山口県にあった山陽電気軌道(現・サンデン交通)の800形で、同軌道が、1971(昭和46)年2月7日に廃線となった後に4両が譲渡されて来た。◎1972(昭和47)年9月20日 撮影:安田就視

五剣山の八栗寺へ登る
八栗ケーブル（四国ケーブル）

やくりケーブル（しこくケーブル）

路線DATA
区　　間	八栗登山口〜八栗山上
駅　　数	2駅
軌　　間	1,067mm
最急勾配	28.8‰
全通年	1931（昭和6）年2月15日

四国で唯一残った鋼索鉄道は古刹への道

　弘法大師が名付けたという五剣山にある四国八十八ヶ所霊場第85番札所の八栗寺へ向かうケーブルは、1926（大正15）年10月13日に八栗登山電鉄として敷設免許が下付されたことから始まる。

　高松周辺の政財界人が出資し、初代社長には高松電気軌道（現・長尾線）の北村苟吉が就き、1931（昭和6）年2月15日に八栗登山口〜八栗山上間が開業する。

　開業翌年からは、四国水力電気（現・志度線）の八栗から八栗登山口までを幌型8人乗りの1931年式シボレー Aによる乗合自動車を運行したが、これは、元は北村苟吉の自家用車だった。

　観光路線のため1944（昭和19）年2月11日に不要不急線として休止させられ、資材は供出。戦後も復旧できずに1960（昭和35）年12月26日に廃止された。

　その後、別の八栗ケーブルが1964（昭和39）年6月26日に設立されて、線路跡を買収し、同年12月28日に同じ区間で再開した。八栗ケーブルはその後、八栗箸蔵ケーブル→四国ケーブルと社名を変えている。

中間点で下から登ってくる1号と行き違う。ケーブルカーの車輪に付いているガイド（フランジ）は、片側の車輪の両側にあってレールを挟んでいるため、分岐器は固定されたまま。◎2011（平成23）年6月13日

八栗山上に停まるコ-1形2号。戦後の再開業時に日立製作所で新製した車両で、2号前面の緑色は、現在、青色に再塗装された。◎2012（平成24）年8月18日

八栗山上駅。ケーブルは15分毎に運行され、大晦日から元旦にかけては終夜運行して初詣の参拝客を迎えている。◎2016（平成28）年2月18日

4章
廃止路線

- ・小松島線　・鍛冶屋原線
- ・琴平参宮電鉄（丸亀線、多度津線、坂出線、琴平線）
- ・高松琴平電気鉄道市内線　・琴平電鉄塩江線
- ・琴平急行電鉄　・住友別子鉱山鉄道（上部鉄道、下部鉄道）
- ・松山電気軌道　・伊予鉄道森松線　・土佐電気鉄道安芸線
- ・屋島ケーブル　・箸蔵ケーブル　・魚梁瀬森林鉄道　・宇高航路

小松島線の中田〜小松島間を走るキハ58系気動車急行「よしの川」（この区間は快速扱い）。右手奥は、かつての小松島機関区で給水塔などが残り、DE10形ディーゼル機関車が留置されている。◎1981(昭和56)年4月15日　撮影：安田就視

盛んだった藍を関西へ運ぶ
小松島線

こまつしません

路線DATA
区　間	中田～小松島
駅　数	2駅(他に仮乗降場1)
軌　間	1,067mm
動　力	全線非電化
全通年	1913(大正2)年4月20日

小松島を出発したキハ28形気動車を先頭にした快速扱いの急行「よしの川」。
◎中田～小松島　1981(昭和56)年4月15日　撮影:安田就視

廃止直前まで関西を繋いだ悲運の路線

　廃止前には「国鉄最短の鉄道路線」としてわずか1.9kmの盲腸線となっていたが、元々は船会社が建設して徳島と小松島港を結んでいた。

　牟岐線の項でも述べたとおり藍の生産地・徳島から東洋のマンチェスターと呼ばれ紡績業が盛んだった大阪への航路は、大阪商船(現・商船三井)が独占し高額な船賃に悩まされていたため、阿波国共同汽船が設立されて航路を開設し、同社が1913(大正2)年4月20日に徳島～小松島間の鉄道も開通させた。運行は鉄道院が借り上げて小松島軽便線として営業を始めたが、1917(大正6)年9月1日には国有化される。

　高徳本線が全通する前年の1934(昭和9)年12月1日改正の時刻表によると、小松島からは徳島本線・予讃本線を経由して多度津や高松までの直通列車が走っていた。例えば小松島を14:55に出発した列車は、15:16に徳島着、阿波池田には17:52に着いて高松へは20:30に到着している。関西との定期航路が就航していた小松島は、宇高連絡船が就航する高松と並び四国の玄関となっていたのである。

　岸壁改修に伴い1940(昭和15)年3月15日からは、小松島駅の300m港側に小松島港仮乗降場を設置したが、運賃が加算されないように距離計算は駅構内として扱い乗客の便宜を図った。同年10月の時刻表によると高徳本線の開通により阿波池田経由で高松へ行く直通列車は姿を消したが、土讃線の全通により小松島港から土佐久礼までの直通列車が運転されていた。

　こうして小松島には機関区が置かれ交通の要所として発展したが、戦後、1961(昭和36)年4月1日に路線の区分が変更され、小松島線は、中田を境に中田～小松島(小松島港を含む)間のみとなり、徳島～中田間は、牟岐線に編入された。これが後に小松島線廃止の要因となる。

　1968(昭和43)年9月4日に国鉄の諮問委員会が出した意見書の中で、「使命を終えた国鉄の地方線」のリストの中になぜか小松島線も入った。距離が短いだけで判断されたのである。その後、田中角栄内閣の誕生により一旦はその取組は中断するが、国鉄の赤字額は巨額に膨れ上がり、1980(昭和55)年12月27日公布の国鉄再建法で再び地方線廃止への取り組みが始まった。

　小松島線は、廃止対象の第1次特定地方交通線に指定され、1981(昭和56)年9月18日に廃止が承認される。

　当時、南海フェリーが和歌山港～小松島港間を12往復し、小松島港～阿波池田間にはフェリーに接続して急行「よしの川」(徳島までは快速扱い)が4往復も運行していたにも関わらず廃止は断行されることになる。

　そして、1984(昭和59)年2月1日には、貨物営業を廃止し、1985(昭和60)年3月13日の運行を最後に廃止され、バス路線に転換した。最終日の運行ではキハ58系の気動車に加えて、DE10牽引の「さよなら小松島線」列車が走り別れを惜しんでいる。

小松島港(臨)駅に隣接していた小松島港の南海汽船(現・南海フェリー)乗り場。南海電気鉄道に連絡する和歌山港へ向かう須磨丸などが停泊している。◎1960(昭和35)年10月27日 撮影:荻原二郎

1962(昭和37)年4月12日改正の小松島線の時刻表。準急「阿佐」が高知まで結んでいた。

終点の小松島に並ぶ快速扱いの急行「よしの川」や旧型客車群。「よしの川」は登場時は、徳島本線、土讃本線経由で高知までを結んでいたが、1980(昭和55)年10月1日のダイヤ改正で、全列車が阿波池田までとなった。◎1981(昭和56)年4月15日 撮影:安田就視

小松島港(臨)では、構内で名物の寿寿香蒲鉾の竹ちくわが売られていた。竹ちくわは、芯にした竹をそのまま残したちくわで、連絡船への乗り換え客がこぞって買っていた。なお、寿寿香蒲鉾は、今も南小松島駅近くに工場兼店舗を構えている。
◎1981(昭和56)年4月15日　撮影:安田就視

吉野川左岸に敷かれた
鍛冶屋原線

かじやばらせん

路線DATA

区　　間	板野～鍛冶屋原
駅　　数	5駅
軌　　間	1,067mm
動　　力	全線非電化
全通年	1923（大正12）年2月15日

高徳本線に分断されて、早期に廃止

　元々は、藍商人が設立した阿波電気軌道（後の阿波鉄道）の路線で、同鉄道設立の経緯は、鳴門線の項で紹介したが、1916（大正5）年7月1日に古川～吉成～池谷～撫養間を開業する前から、藍の本場、吉野川中流域へ向けての路線延長が計画され、1913（大正2）年8月から翌年4月にかけて池谷～阿波大寺（後の板野）間の敷設免許を取得していた。しかし、その後、延長区間は資金集めのため別会社化することになり1916（大正5）年10月に阿波電気軌道の後藤田千一らが取締役となって上板軽便鉄道を設立して、鉄道敷設を再申請した。

　残念ながら思うように資金は集まらず、再度、阿波電気軌道で建設することにして、ようやく1918（大正7）年3月2日に池谷～阿波大寺間の鉄道免許状を再々取得し、翌年4月19日には、阿波大寺～市場町間の免許も得て、1923（大正12）年2月15日に池谷～阿波大寺～鍛冶屋原間を開業することができた。

　しかし、その直後に鳴門線の項で紹介した列車脱線転覆事故が発生して経営者が変わり、社名も阿波鉄道となり、鍛冶屋原からの延長区間の免許も1929（昭和4）年5月20日に取消されている。

　その後、阿波鉄道は、1933（昭和8）年7月1日に国有化されて阿波線となり、高徳本線（現・高徳線）が1935（昭和10）年3月20日に全通したことにより、阿波線の池谷～鍛冶屋原間は、板西（元・阿波大寺、現・板野）で分断され、板西～鍛冶屋原間が鍛冶屋原線となった。また、同時に池谷～鍛冶屋原間では、合理化のためガソリンエンジンの気動車（ガソリンカー）が運行を開始している。

　しかし、戦時色が強くなると燃料統制でガソリンカーは休車が増え、鍛冶屋原線自体が、不要不急線としてレールの供出のため、1943（昭和18）年11月1日に営業を休止してバス代行となった。

　戦後、鍛冶屋原線は、1947（昭和22）年7月15日から再び営業を開始したが、1968（昭和43）年9月4日に国鉄の諮問委員会が出した意見書で「使命を終えた国鉄の地方線」として「赤字83線」の中に入れられる。

　多くの赤字83線がその後も存続したにも関わらず鍛冶屋原線は、1972（昭和47）年1月16日に全線が廃止された。田中角栄が日本列島改造論を発表し、赤字83線の廃止をストップさせる半年前の出来事だった。

鍛冶屋原は、阿波電気軌道が1923（大正12）年2月15日に池谷から延伸して来た際に終着駅となった。当駅からは、徳島本線の穴吹まで国鉄バスも運行していたが、鍛冶屋原線と運命を共にした。駅跡には、上板町教育委員会が建立した記念碑がある。
◎1960（昭和35）年7月22日　撮影：荻原二郎

讃岐平野に4路線を展開
琴平参宮電鉄
（丸亀線、多度津線、坂出線、琴平線）

ことひらさんぐうでんてつ

路線DATA
路線距離　26.6km
軌　間　1,067mm
動　力　直流600V
開業年　1922（大正11）年10月22日
廃止年　1963（昭和38）年9月15日

瀬戸内の港町と琴平を繋いだがバス路線へ

　讃岐平野に路線網を展開した琴平参宮電鉄も社名のとおり金刀比羅宮への参拝客を狙って創業したが、その開業までには紆余曲折があった。

　地元有志が敷設権を得たが事業化できず、大阪で配電事業を行っていた才賀電機商会の野田儀一郎が権利を取得して、1911（明治44）年9月8日に祖となる讃岐電気軌道を設立し準備を進めた。しかし、才賀電機商会が破綻して計画は頓挫する。敷設権は、譲渡を繰り返されたが、その後、野田儀一郎が再び権利を取得。1922（大正11）年10月22日に丸亀堀端～善通寺門前を軌間1,067mm、600Vで開業し、社名も前日に琴平参宮電鉄に変更した。

　翌年8月5日には琴平まで延伸し、1924（大正13）年10月9日には、善通寺門前から多度津西口（仮）までを延伸、翌年12月25日に多度津桟橋通へ到達して、多度津港との連絡を果たした。

　丸亀からは東側の坂出方面にも延伸し、1928（昭和3）年1月22日に丸亀通町～富士見町間が開通する。そして、同年3月20日には富士見町～坂出駅前間も開業して省線と連絡できるようになり全通した。

　戦後、1948（昭和23）年7月1日には、戦時下に休止させられた琴平急行電鉄を吸収合併するも同電鉄路線の運転再開はできず、自らの鉄道路線も1963（昭和38）年9月15日に全線を廃止した。

丸亀線の樫藪変電所前停留場に停まるデハ70形71号電車。元・大阪市電の601形で、1948（昭和23）年に入線したポール集電の木製ボギー車。◎1962（昭和37）年10月27日　撮影：荻原二郎

高松市内の路面電車

高松琴平電気鉄道市内線

たかまつことひらでんきてつどうしないせん

路線DATA
区　間	築港前〜公園前(2.4km)
駅　数	9駅
軌　間	1,435mm
動　力	直流600V
開業年	1917(大正6)年5月20日
廃止年	1957(昭和32)年8月15日

戦争の悲劇で消えて長尾線が高松築港へ

　高松市内を瓦町から半周して高松港までを繋いだ高松琴平電気鉄道の市内線は、元々は、東讃電気軌道が1915(大正4)年4月22日に瓦町から栗林公園のある公園前までを延伸した後、1916(大正5)年12月25日付で四国水力電気に合併され、同社が公園前から国有化された讃岐線の高松駅前までを1917(大正6)年5月20日に開業させて、同年7月14日に高松港のある築港前までを延伸した路線。

　軌間1,435mmで、600Vの路面電車が走ったが、長尾線で紹介したとおり1945(昭和20)年7月4日未明に「高松空襲」を受け市内線も壊滅状態となり休止に追い込まれてしまった。そして、戦後も復旧されることは無く、1957年(昭和32)年1月8日に公園前〜築港前間が、同年8月15日には公園前〜瓦町(廃止時は琴電高松)間もそれぞれ廃止された。

1938(昭和13)年10月1日訂補の四国水力電気の時刻表。

塩江温泉を目指した鉄道

琴平電鉄塩江線

ことひらでんてつしおえせん

路線DATA
区　間	仏生山〜塩江(16.2km)
駅　数	12駅
軌　間	1,435mm
動　力	全線非電化
開業年	1929(昭和4)年11月12日
廃止年	1941(昭和16)年5月10日

山峡に分け入り開業したが戦争で休止

　1,300年前に行基が開湯し高松の奥座敷と言われる塩江温泉へ伸びた鉄道で、琴平電鉄(現・高松琴平電気鉄道)が、1928(昭和3)年8月21日に塩江温泉鉄道という子会社を設立して敷設工事を始めた。

　建設費を抑えるため電化はせず、当初の計画も軌間1,067mmとしたが、琴平線への乗り入れを念頭に1,435mmに変更して、仏生山〜塩江間が1929(昭和4)年11月12日に開業した。

　車両はガソリンエンジンを積んだ40人乗りで、「マッチ箱」と呼ばれ親しまれた。

　また、塩江温泉の旅館内の演芸場では、阪急の宝塚を真似て少女歌劇も催されて賑わった。

　しかし、肝心の塩江温泉鉄道の業績は不振で、1938(昭和13)年5月1日には親会社の琴平電鉄に吸収されて塩江線となり、1941(昭和16)年5月10日に、不要不急線の指定を受けて廃止され、戦後も復活しなかった。

香東川を遡って讃岐山脈に分け入った鉄道は、多くの鉄橋やトンネルを掘削して開通したが、12年も経たずに廃止に追い込まれた。

最後発の琴平への参拝路線
琴平急行電鉄

ことひらきゅうこうでんてつ

路線DATA
区　間　坂出〜琴急琴平(15.7km)
駅　数　15駅
軌　間　1,067mm
動　力　600V
開業年　1930(昭和5)年4月7日

僅か14年足らずで休止に追い込まれる

　金刀比羅宮への参拝客を狙った鉄道会社としては、讃岐鉄道(現・予讃線、土讃線)、琴平参宮電鉄(廃止)、琴平電鉄(現・高松琴平電気鉄道)に続き4番目となるが、本州との連絡船が就航する坂出から直行する路線として計画された。

　1926(大正15)年12月16日に地元有力者の横田鯉凍二らに敷設免許が下付され、1928(昭和3)年10月20日に琴平急行電鉄を設立した。社名に急行を入れたのは、当時、阪神急行電鉄を皮切りに流行っており、坂出から琴平への短絡線として他社と差別化する意図があったと言われている。車両も当時最新鋭のパンタグラフを備えて、50kwのモーター2機を搭載し、高速走行が可能な半鋼製車体を導入していた。

　1930(昭和5)年4月7日に坂出駅前〜電鉄琴平間を開業して、30分間隔で運行し、全線15.7kmを約35分で結んだ。

　しかし、瀬戸内海の沿岸部から琴平に向けて4つの鉄道会社が集中する過当競争となり、最後発の琴平急行電鉄は苦戦する。

　戦時下には不要不急線の指定を受け、1944(昭和19)年1月8日に休止許可が出ると戦後、琴平参宮電鉄に吸収されるも再開されることはなく、1954(昭和29)年9月30日に正式に廃止された。

1940(昭和15)年10月1日訂補の琴平急行電鉄の時刻表。右側の太字の数字は午後の時間を示している。

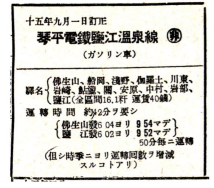

1940(昭和15)年9月1日訂正の塩江線の時刻表。観光シーズンや閑散期には運行本数を増減していた。

明治の殖産興業を支えた
住友別子鉱山鉄道
（上部鉄道、下部鉄道）

すみともべっしこうざんてつどう

路線DATA

区　間	角石原～石ケ山丈(上部鉄道)5.5km 新居浜港～星越(下部鉄道)10.3kmほか
軌　間	762mm
動　力	蒸気→内燃→直流600V
開業年	1893(明治26)年5月(下部鉄道) 1893(明治26)年12月(上部鉄道)

天空の山岳鉄道と麓の産業路線

　石鎚山に連なる赤石山系の山中で、1690（元禄3）年に露頭が発見され翌年から住友家による採掘が始まった別子銅山は、明治初期に住友家の初代総理事に就任した広瀬宰平により近代化が推し進められた。

　広瀬宰平は、1893（明治26）年3月15日に貨物専用鉄道として平野部の下部鉄道（惣開～端出場間）を開業させ、同年12月には、鉱石を掘り出していた海抜1000メートルの山岳部にも上部鉄道（角石原～石ケ山丈間）を開業し、両線の間は索道で接続して、今まで人力や牛車に頼っていた鉱石等の輸送能力を格段に向上させた。

　どちらも762mmのナローゲージでドイツ・クラウス社製のB形タンク式SLが走り、上部鉄道は日本初の山岳鉄道となった。

　その後、上部鉄道は、掘削が進んで地中の坑道へ水平坑道が掘られ、直接下部鉄道に搬出できるようになったため1911（明治44）年10月7日に廃止された。

　銅山および鉄道の経営は住友が継続して行っていたが、会社名は、住友合資→住友別子鉱山→住友鉱業→井華鉱業→別子鉱業→住友金属鉱山と変遷する。

　1929（昭和4）年11月5日からは、惣開～端出場間に星越などの途中駅を設置して、地方鉄道として時刻表にも掲載されるようになる。1942（昭和17）年11月12日には、多喜ノ宮（信）から分岐して予讃本線新居浜への連絡線も開通している。

　戦後、1950（昭和25）年5月1日には、電化されて電気機関車を導入するが、1955（昭和30）年1月1日に一般旅客の営業は廃止されて、鉱山専用鉄道に戻る。

　1973（昭和48）年の別子銅山終掘後も運行されていたが、1977（昭和52）年2月1日に星越～端出場間が廃止さ

1900年頃に撮影された別子鉱山・上部鉄道の1号機関車。上部鉄道は、標高1000mの断崖絶壁に線路を敷いて、鉱石を運んでいたが、鉱脈を地下に掘り進み、わずか18年で不要となった。

れ全廃した。なお、1991（平成3）年6月5日からは、端出場～打除間がマイントピア別子の観光鉄道として復活し、2019（平成31）年3月1日には、リニューアルされた。

　マイントピア別子は、別子銅山の遺構を利用して1991（平成3）年6月5日に開業したテーマパークで、山上の東平ゾーンの遺構は、東洋のマチュピチュとして観光客の人気を集めている。

　また、観光鉄道は本物の鉱山軌道上を走り、トンネルや鉄橋は登録有形文化財に指定されており、元火薬庫を改造した全長333mの観光坑道内では、江戸時代から近代までの別子銅山の様子を展示している。

　なお、観光鉄道のSLを模した電気機関車はレプリカだが、麓の別子銅山記念館には、本物のクラウス社製SLが展示されている。

別子鉱山・下部鉄道の星越駅で、3号機関車が旅客列車を牽引する。旅客線は、1936(昭和11)年9月16日に星越から新居浜港まで延伸し、新居浜港からは尾道へ連絡船が出ていた。
◎1950年頃の星越駅。

伊予鉄道最大のライバル

松山電気軌道

まつやまでんききどう

路線DATA

区　間　江ノ口〜道後（現・道後温泉）
駅　数　26駅
軌　間　1,435mm
開業年　1911(明治44)年9月1日
　　　　1921(大正10)年4月1日、伊予鉄道に吸収合併

同じルートながら敷設許可を得て開業

　伊予鉄道・高浜線の項で紹介したとおり、高浜港に松山への玄関を奪われた三津浜町民が、伊予鉄道に対抗するために1907(明治40)年3月31日に設立した。

　経路は既に開通していた伊予鉄道(後の高浜線)とほぼ同じだったが、こちらは鉄道局所管の軽便鉄道ではなく、内務省所管の軌道線すなわち三津街道上を走る路面電車ということで同年10月14日に軌道特許状が下付された。しかし、設立当初から資金難で経営陣は交代を繰り返すことになる。

　1911(明治44)年になって、福澤諭吉の婿養子で実業家の福澤桃介が資金を拠出することになり、ようやく敷設工事が進捗した。同年9月1日に住吉町〜本町間と札ノ辻(現・本町三丁目)〜道後(現・道後温泉)間を開業させて、9月19日には本町〜札ノ辻間も接続した。

　そして、翌年2月7日に住吉町〜江ノ口(三津付近)間が開業して全通する。この路線の一部は現在、伊予鉄道の城南線や本町線に引き継がれている。

　軌間は1,435mmで、600Vの電力は、石手川上流に水力発電所を建設して賄い、路面電車として登場したが、松山初の電車とはならなかった。

　実は、伊予鉄道が松山電気軌道に対抗するため、同じ年の8月8日に道後鉄道の路線だった古町〜道後〜一番町(現・大街道)間を1,067mmに改軌した上で、600Vで電化したのである。

　同じようなルートを走る両社は、激しく対立するが、一方で松山電気軌道の開業当初から伊予鉄道との合併話は浮上しており、ドライな実業家だった福澤桃介もそれを望んでいた。しかし、地元の株主らが激しく抵抗し、合併契約書は3度も破棄されることになる。

　余剰電力を利用して松山電気軌道が、1913(大正2)年2月1日から配電事業を始めると、伊予鉄道も1916(大正5)年12月31日に伊予水力電気を併合して、社名も伊予鉄道電気とし、配電事業でも2社は競合することになる。

　その後も松山電気軌道の経営は安定せず、1921(大正10)年4月1日、ついに伊予鉄道に吸収合併された。

　1923(大正12)年6月30日には、江ノ口〜道後間の軌間を1,435mmから1,067mmに改軌したが、1927(昭和2)年11月1日に高浜線と並行していた三津街道上の軌道(江ノ口〜萱町間)は廃止された。

松山電軌(上)と伊予鉄道、1920年頃の古町付近で、高架を行くのが松山電気軌道、右下は道後線の電車、左下は高浜線のSL混合列車。◎提供：朝日新聞社

椿神社への参詣路線

伊予鉄道森松線

いよてつどうもりまつせん

路線DATA
区　間　伊予立花(現・いよ立花)〜森松(4.4km)
駅　数　3駅
軌　間　1,067mm
動　力　全線非電化
全通年　1896(明治29)年1月26日

プッシュプルの長大編成も走った歴史

　伊予鉄道が延伸区間として1893(明治26)年5月7日に外側(現・松山市)〜平井河原(現・平井)間を開業させると次の敷設工事は、横河原には向かわず途中の立花(現・伊予立花)から分岐して南下、重信川右岸の森松に向かった。森松は田園地帯の寒村だったが地元からの請願があり、また沿線には通称・椿神社で知られる伊豫豆比古命神社があった。御祭神の一柱、愛比売命は、愛媛県の由来ともなり、旧暦の1月8日の「椿まつり」には、四国各地や本州からも多くの参詣客が押し寄せていたのである。

　1893(明治26)年6月22日の臨時総会において立花〜森松間の線路延長を決議し、翌年7月3日に敷設免許が下付されたが建設予算を巡って紛糾し、着工したのは1895(明治28)年3月18日となった。

　1896(明治29)年1月26日に森松線は開業する。他の路線同様の軌間762mmで、甲1形SLが小型の木造客車を牽引し外側(現・松山市)〜森松間を往復した。途中の椿神社の参道には、臨時駅・居相を設けて「椿まつり」の参詣客輸送に大活躍する。

　居相は、その後、場所を移して石井となり椿神社の最寄り駅として賑わう。この「椿まつり」では、10両を超える客車の前後にSLを付けた臨時列車が、松山からやってきた。

　横河原線の改軌に続いて森松線も1931(昭和6)年10月12日に1,067mmへ改軌される。

　戦後、長らく活躍した甲1形SLだが、石炭価格の高騰により、ディーゼル機関車に置き換わることになり、1954(昭和29)年1月31日に引退した。

　その後、国道33号線と並走する森松線は、バスに乗客を奪われて1965(昭和40)年12月1日に廃止された。

伊予立花で行き違う横川原線のDB-5牽引の客車列車(右)と森松線の客車列車(左)。森松線の列車は、全て横河原線に乗り入れて松山市まで走っており、森松〜松山市間を約15分で結んでいた。◎1965(昭和40)年7月10日　撮影:湯口徹

後免から東に伸びた鉄道
土佐電気鉄道安芸線

とさでんきてつどうあきせん

路線DATA
区　間	後免〜安芸（26.8km）
駅　数	24駅
軌　間	1,067mm
動　力	直流600V
全通年	1930（昭和5）年4月1日
廃　止	1974（昭和49）年4月1日

高知市内へも入線したが新路線で廃止へ

　元々は、高知鉄道として現在の土佐くろしお鉄道阿佐線（ごめん・なはり線）のルートの内、後免〜安芸間を結んでいた鉄道だった。当時、鉄道院が進めていた高知線（現・土讃線）の建設構想を受けて、後免から安芸までの鉄道建設が計画され、1919（大正）8年11月3日に敷設免許が下付、翌年1月8日に高知鉄道が設立された。

　後免〜手結間が、1924（大正13）年12月8日に開業して、土佐電気鉄道（現・とさでん交通）の後免線と連絡し、1926（大正15）年4月11日には、前年12月5日に開業した高知線の後免へも延伸した。

　その後、安芸に向けて建設工事が行われ、1930（昭和5）年4月1日に手結〜安芸間が開業して全通する。

後免に停まる1006号。1006号は元・京阪電気鉄道100形の車体を元・南海電気鉄道から調達した車両から余剰となった台車に積み替えた車両。◎1963（昭和38）年3月4日　撮影：荻原二郎

　戦中戦後に土佐交通→土佐電気鉄道と社名が変わり、1949（昭和24）年4月18日に後免〜手結間、同年7月20日に手結〜安芸間を電化すると、1954（昭和29）年7月5日からは、後免線に乗り入れて高知市内と手結間を直通で結び、1955（昭和30）年10月31日には、直通運転区間を安芸まで延長している。

　しかし、同区間を走る国鉄阿佐線の計画が浮上し、1974（昭和49）年4月1日に廃止されて、線路敷の一部は阿佐線の建設用地として売却された。

後免町に並ぶ新製の気動車キハニ2000形2001号と2002号。1937年（昭和12）年に日本車輛製造が造った2軸ボギー台車を持つ半鋼製の流線形ガソリンカー。蒸気機関車牽引列車で運行されていた高知鉄道待望の車両だったが、戦時統制でガソリンの入手が困難となり、戦後すぐに電化されて引退した。◎1937（昭和12）年2月　撮影：朝日新聞社

屋島寺へお遍路さんが利用
屋島ケーブル

やましケーブル

路線DATA
区　間	屋島登山口～屋島山上(0.8km)
駅　数	2駅
軌　間	1,067mm
開　業	1929(昭和4)年4月21日
廃　業	2005(平成17)年8月31日

屋島は源平合戦の主戦場となったため、ケーブルカーの愛称には源氏方の武将名が付けられ、1号が「義経号」、2号は「辨慶号」だった。

戦後も再開したが親会社が破綻し廃止

1918(大正7)年8月29日に生駒鋼索鉄道(現・近鉄生駒鋼索線)が開業したのを皮切りに、全国各地でケーブルカー建設ブームが起こったが、屋島ケーブルもその一つ。

四国八十八ヶ所霊場第84番札所の屋島寺へのアプローチとして計画され、1926(大正15)年4月7日に屋島登山電気鉄道が敷設免許を取得し、社名変更の上、1927(昭和2)年11月24日に屋島登山鉄道が設立された。そして、1929(昭和4)年4月21日に屋島神社前～屋島南嶺間が開業した。

しかし、1944(昭和19)年2月11日に全線が不要不急線として休止となり、資材は供出させられる。

戦後、1950(昭和25)年4月16日に駅名を屋島登山口～屋島山上に改称して営業が再開された。

その後、2001(平成13)年12月7日に親会社の高松琴平電気鉄道が経営破綻し、利用者数も低迷したため、2004(平成16)年10月16日から全線での営業を休止し、翌年8月31日に廃止された。

箸蔵寺への参詣用鋼索鉄道
箸蔵ケーブル

はしくらケーブル

路線DATA
区　間	赤鳥居～仁王門(0.4km)
駅　数	2駅
軌　間	1,067mm
開　業	1930(昭和5)年6月18日
廃　業	1944(昭和18)年2月11日

戦時下の強制策で僅か14年の営業を閉じる

弘法大師が金毘羅大権現のお告げにより建立したと伝わる真言宗御室派別格本山の箸蔵寺へのアクセスとして、屋島ケーブル同様に昭和初期のリゾート開発ブーム時代に建設された。

1927(昭和2)年7月8日に敷設免許が下り、1929(昭和4)年8月28日、箸蔵登山鉄道が設立される。

1930(昭和5)年6月18日に赤鳥居～仁王門が開業したが、屋島ケーブルと同じ1944(昭和19)年2月11日に不要不急線に指定されて廃止となり、戦後も復活せずに現在は、箸蔵山ロープウェイが結んでいる。

箸蔵ケーブルの全景。ちょうど上下のケーブルカーが中間の行き違いポイントに進入しようとしている。利用客は多く朝7時過ぎから夜の20時過ぎまで10分間隔で運行されていた。

四国最初で最大の森林鉄道
魚梁瀬森林鉄道
やなせしんりんてつどう

路線DATA

路　線	奈半利川線（田野〜馬路） 安田川線（田野〜魚梁瀬）他ほか
軌　間	762mm
動　力	全線非電化
開業年	1964（昭和39）年3月20日

20kmを超える路線は、ダム計画で消滅

　木材搬出のための森林鉄道は、四国でも香川県を除く各県に敷設されたが、この内、四国初、全国でも津軽森林鉄道に次いで本格的な森林鉄道となり、廃止後は、国の重要文化財にも指定された魚梁瀬森林鉄道を紹介する。

　高知県の東北部は、日本三大杉美林の一つ魚梁瀬杉の産地で、豊臣秀吉に献上された記録も残る。1911（明治44）年、田野から安田川を遡上して馬路までの間に軌道が敷設される。総延長21,234mの本格的な森林軌道で、動力は無く材木を乗せた台車を自重で川下へ下ろし、帰りは犬そりでトロを戻していた。

　1920（大正9）年に軌道枕木の強化や木造橋の鉄製化などが行われて、翌年から米国ライマ社製のシェイ（歯車駆動）式のSLが走り出す。しかし、釈迦ヶ生〜久木間の逆勾配区間での速度は遅く、代わって1923（大正12）年に一般的なワルシャート（連結棒駆動）式の米国H.K.ポーター社製SLを2両購入して切り換えた。

　それでも、この安田川沿いルートの逆勾配区間は、輸送上のネックとなることから、順勾配のルートとして奈半利川沿いにも軌道が敷かれる。1929（昭和4）年に着工して順次延伸開通し、1942（昭和17）年に全通した。

　その後も伐採の進捗に合わせて軌道は延伸したが、戦後、トラック輸送に切り換えられると共に、1957（昭和32）年に魚梁瀬ダムの建設計画により、森林鉄道の廃止が決定する。1963（昭和38）年、安田川線の軌道撤去を持って魚梁瀬森林鉄道の使命は終了した。

山奥の切り出し場で積込を行う作業員。木材をワイヤーで吊り下げてトロ（運搬台車）へ積み込み、右奥に停められた木材貨物車と連結して山を下る。廃止を翌年に控えた魚梁瀬森林鉄道では、まだ盛んに積み出し作業が行われていた。◎1963（昭和38）年5月　撮影：朝日新聞社

峡谷を渡る野村式機関車が牽引する木造の客車列車。機関車は、野村組工作所が製造したガソリン機関車で後にディーゼル化された。地元住民は無料で乗車でき、1日5往復していた。現在、橋梁やトンネルなどが「旧魚梁瀬森林鉄道施設」として重要文化財に指定されている。
◎1962(昭和37)年1月　撮影:朝日新聞社

本州と四国を結んだ連絡船
宇高航路

うこうこうろ

路線DATA
区　　間	宇野～高松
駅　　数	2駅
開業年	1910(明治43)年6月12日
廃止年	1991(平成3)年3月16日

「土佐丸」は、悲惨な紫雲丸の沈没事故を受けて、操舵性や安全性を向上させた新型建造船で、貨車27両を積載し、旅客1,800人が乗船できた。◎昭和50年代前半　所蔵:フォト・パブリッシング

民間鉄道が始めた航路が国有化して発展

　本州と四国の鉄道を結ぶ連絡船の歴史は、山陽鉄道（現・山陽本線）が1901(明治34)年5月27日に馬関（現・下関）までを全通させた後、子会社の山陽汽船商社が、山陽側の岡山と尾道から四国側の讃岐鉄道（現・予讃線）の高松と多度津へ、それぞれ1903(明治36)年3月18日から連絡船を就航させたことに始まる。

　その後、両社は、連絡船航路も含めて国有化され、1910(明治43)年6月12日に宇野線の岡山～宇野間が開通すると、岡山港～高松港間と尾道～多度津間の連絡船は、宇野～高松間の新航路へ統合され、就航していた連絡船も移されて玉藻丸と児嶋丸が宇高連絡船の初代船舶となる。

　それまでの連絡船は、港に着岸できず沖合から艀で上陸し、人力車で駅までを繋いでいたが、新航路は桟橋で直接、連絡船に乗下船できるようになった。

　1929(昭和4)年11月23日には、大型船の第一宇高丸が就航し、翌年4月1日からは、直接船に貨車を積み込む設備を整備して貨車の航送も始まる。

　関門トンネルが1942(昭和17)年7月1日に開通すると関門海峡で使われていた連絡船も配置転換されて来て、戦時輸送に貢献した。

　戦後、1950(昭和25)年10月1日に行われた時刻大改正では、戦前から構想のあった客車の連絡船輸送が実現する。大阪から宇和島や須崎へ直通する列車に連結された寝台車は乗客が乗ったままで車両航送が開始された。

　しかし、1955(昭和30)年5月11日に濃霧の高松港沖で、連絡船の紫雲丸が衝突沈没して168人が死亡する事故を受けて取り止められ、その後は、荷物車や郵便車と貨車だけの航送となった。

　1972(昭和47)年11月8日からはホーバークラフト「かもめ」が就航し、急行料金を設定して宇野～高松間を23分で結び、その後、「とびうお」も就航した。

　1985(昭和60)年12月28日からは、年末年始の臨時便としてホーバークラフトよりも定員が多い高速艇が用船（一時借用）にて就航し、好評だったため翌年7月8日からは、旅客定員136名の高速艇「しおかぜ」が就航した。

　その後、1988(昭和63)年4月10日に本四備讃線（瀬戸大橋線）が開業すると、宇高連絡船は高速艇を除いて廃止され、高速艇も1990(平成2)年3月31日で休止する。そして、翌年3月16日に正式に廃止されて90年の宇高航路の歴史に幕が閉じられた。

高松港に停泊するホーバークラフト「とびうお」。定員52名の「かもめ」の後継船として、1980(昭和55)年4月23日に就航し、定員は66名に増えたが、その後、更に定員が倍以上の高速艇も就航した。◎1982(昭和57)年9月20日　撮影:安田就視

上空から見た高松港。写真上の宇高連絡船は「阿波丸」。「土佐丸」の姉妹船で、他にも「伊予丸」、「讃岐丸Ⅱ」と四国の旧国名を付けた計4隻が、1966(昭和41)年〜1988(昭和63)年にかけて就航した。右上が旅客桟橋で、貨車はその左横から船内に積み込まれた。
◎1975(昭和50)10月　撮影:朝日新聞社

野沢敬次（のざわけいじ）

昭和34（1959）年大阪府生まれ。「風景の中を駆ける鉄道」をテーマに全国各地を撮影する一方、各地の歴史的建造物の調査・執筆を行う。主な発表媒体に『週刊現代』（講談社刊）、『鉄道ダイヤ情報』（交通新聞社刊）、『週刊歴史でめぐる鉄道全路線』（朝日新聞出版刊）、『知れば知るほど面白い阪急電鉄』等がある。（有）ＳＴＵＤＩＯ夢銀河・代表、ユーモアを忘れない律儀な関西人を自負する。日本写真家協会会員、日本鉄道写真作家協会会員。

【写真提供】
荻原二郎、安田就視、野沢敬次、堀井敬之、湯口 徹、朝日新聞社
国立国会図書館（時刻表）

【絵葉書提供・文】
生田 誠

四国の鉄道
1960年代～90年代の思い出アルバム

発行日……………2019年3月5日　第1刷　　※定価はカバーに表示してあります。

著者………………野沢敬次
発行者……………春日俊一
発行所……………株式会社アルファベータブックス
　　　　　　　　〒102-0072　東京都千代田区飯田橋 2-14-5 定谷ビル
　　　　　　　　TEL. 03-3239-1850　FAX.03-3239-1851
　　　　　　　　http://ab-books.hondana.jp/

編集協力…………株式会社フォト・パブリッシング
デザイン・DTP………柏倉栄治
印刷・製本………モリモト印刷株式会社

ISBN978-4-86598-846-8 C0026
なお、無断でのコピー・スキャン・デジタル化等の複製は著作権法上の例外を除き、著作権法違反となります。